May You be Beautiful and Free

一个有魅力的女人人格独立,
经济自主,
不当男人的附属品,
她追求自我的价值,
自我的目标,
享受着成就带来的满足感。

保持微笑，

可以使你成为一个更快乐的人，

一个更富有的人。

事情来了，就面对它，

用积极的心态解决它，

有些问题只有自己能帮助自己。

May You be Beautiful and Free

May You be Beautiful
and Free

以柔克刚，

温柔绝不等于软弱，

温柔是最有韧性的包容。

May You be Beautiful and Free

适度地运用眼神，
可以快速与人建立关系，
但切记不要失了分寸，
造成误会。

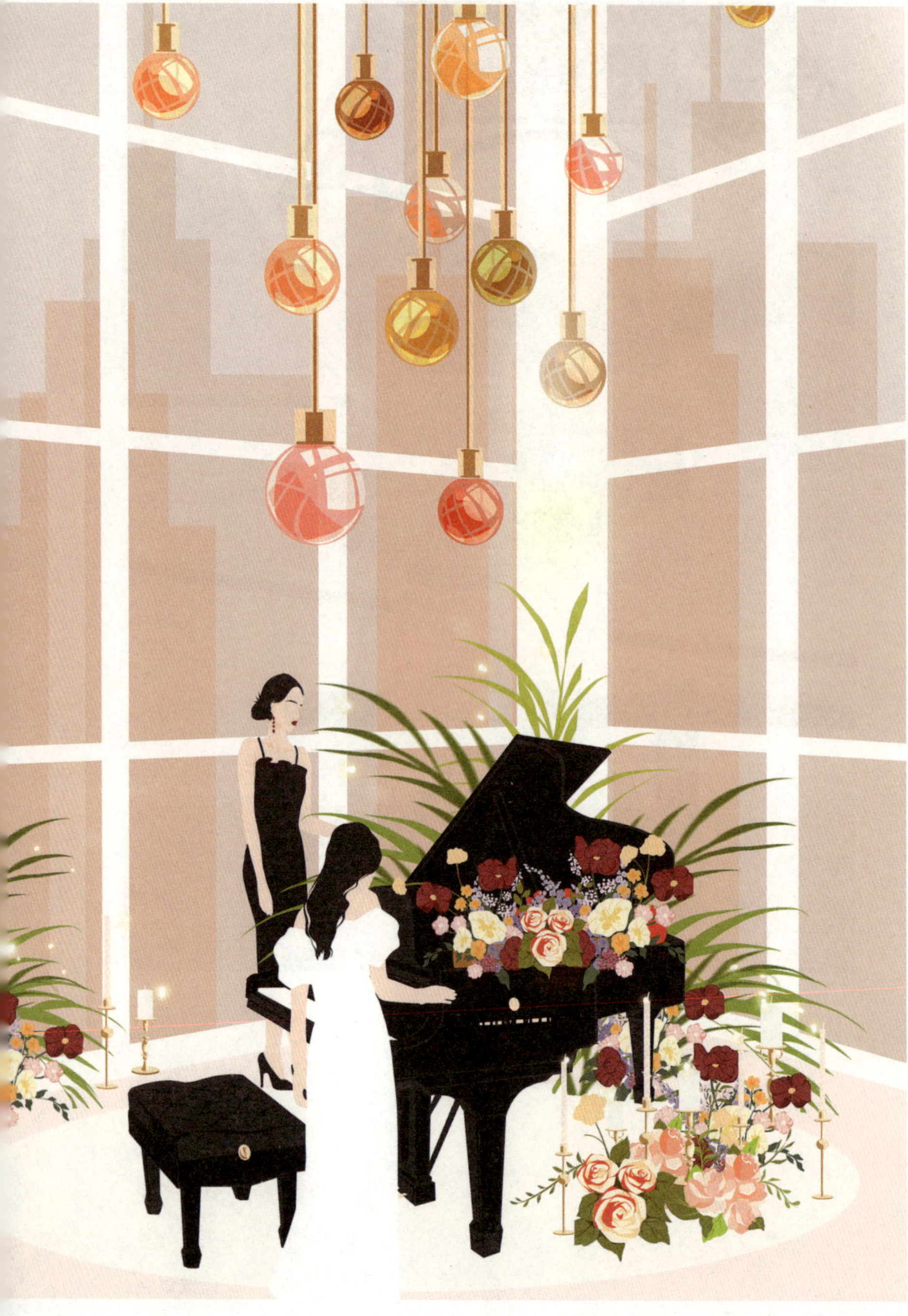

May You be Beautiful and Free

过度的赞美不一定好，
夸得有理，说得真挚，才是合宜的赞美。

May You be Beautiful and Free

拥抱快乐可以很简单，常为自己所拥有的而高兴，不为自己所没有的而忧虑。如此而已。

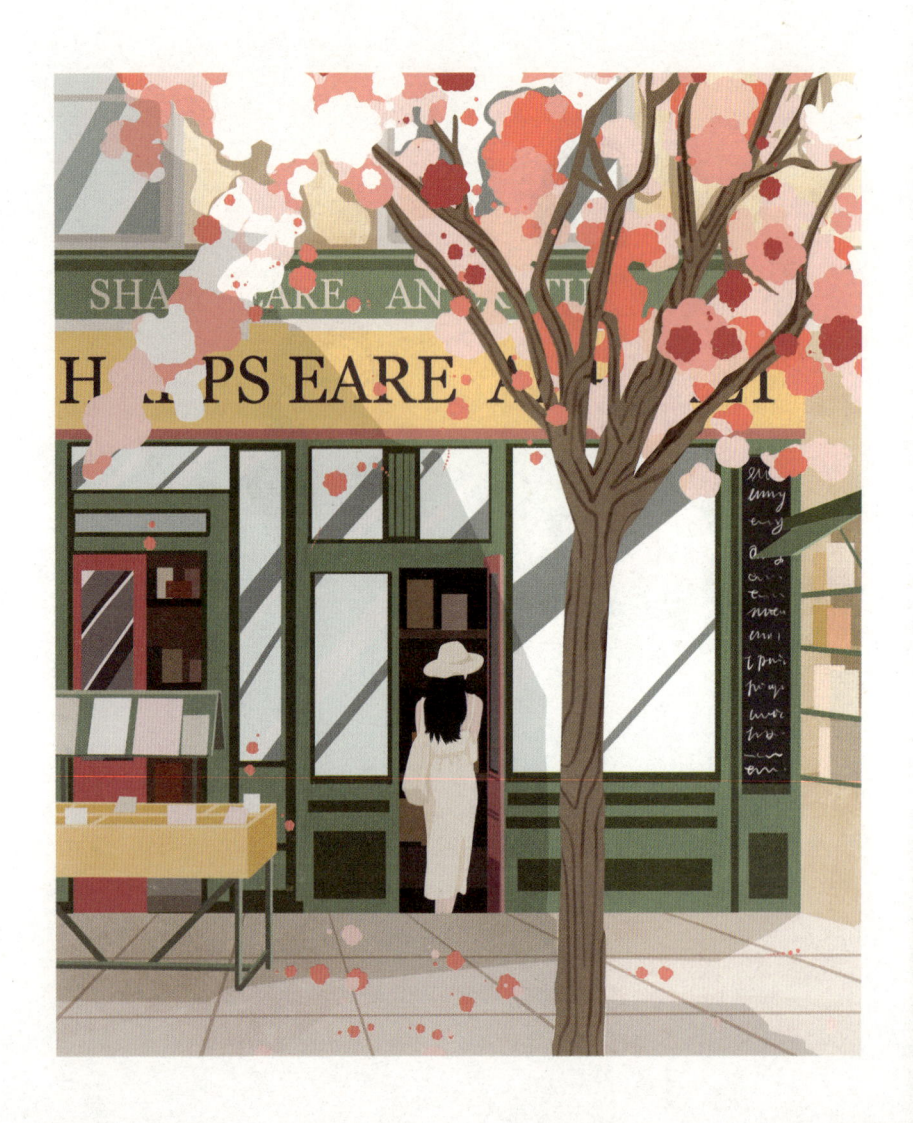

愿你美丽不枯,
自我又自由

愿你美丽不羁，
自我又自由

魔女 sha sha ——著

北京日报出版社

Preface
前 言

亲爱的，正在看这本书的你现在多少岁呢？如果你还年轻，恭喜你还有大好时光可以规划自己的人生蓝图；如果你觉得自己已不再年轻也无须担心，建立社交关系任何时候开始都不算晚，毕竟人是群居动物，彼此之间都需要建立联系，只要用对方式，依然能够建立你的社交关系。年轻是一种资本，成熟是一种历练，善用而不挥霍，在人生的道路上，你就能为自己的未来写下璀璨的一页。

本书想要告诉各位姐妹，女人维持良好的社交是很重要的一件事，自身的价值才是人际交往的密码，想要人见人爱，生活更美好，就请仔细阅读本书，找到适合你建立人际关系的方式，打造一个更独立自主、幸福和谐的美好人生。

女性要善于利用自己的温柔，但亲爱的你千万别误会，温柔并不是让你放低姿态，没有议价权或支配权，而是要不卑不亢地展现自己，温柔可以对抗世间所有的坚硬，你有多强大，就有多温柔。不断提升自己的内在实力和资源，维持强者心态。女性有太多特质和魅力是男性无法比拟的，再加上女性刻苦和好学的特质，更能帮助女性在事业或生活上无往不利！

　　女人的退化往往是从不舍得投资自己开始的，投资自己不仅是为了增加生活的幸福感，更是为了让自己今后人生的每一步都走得坚定和沉稳。很多事业成功的女人，对待生活优雅温柔，对待爱人知情知趣，对待孩子循循善诱，因为她们已经强大到不需要用强势来解决问题，她们用温柔来对抗着世间所有的坚硬。

　　但是，想让自己在事业与生活上有所发展，除了展现个人特质和魅力，还要懂得建立社交关系，这是首要关键。在建立社交关系及让自己金钱自主时，千万别落入以下两个迷思之中，一是女人建立社交关系就必须牺牲色相；二是朋友多就等于社交关系广。

　　有许多女性误认为朋友多就是社交关系广，但是当遇到重要时刻时，周围的朋友很早就作鸟兽散，消失得无影无踪。朋友多和社交关系广其实差别很大，朋友之间是单点突破，而社交关系的建立却是密不可分的"社交网"。社交网一旦建立起来，它将使人与人之间的关系变得环环相扣、密不可分，由点到线到整个面，当我们用女性特质将"社交网"撒下时，将可轻轻松松网住金钱和财富！

有许多朋友问我，一位卓越、成功的现代新女性应该具备怎样的条件？现代新女性在兼顾事业与家庭的情况之下，必须同时完成许多准备工作，没有多余的时间和精力浪费在错误与失败当中，因此找到适合自己的方式快速建立社交关系更能事半功倍。在本书中，规划了7大章节，从发挥个人魅力特色建立社交关系，用人际关系帮自己开启事业的大门，善用人际关系职场步步高升、工作顺心、家庭和谐美满等方面都做了深入浅出的介绍及说明，期待亲爱的你读完本书，可以有所收获并打造出属于自己的社交关系。

懂得掌握自我魅力的女人们往往有着独立的个性，能够建立自身的审美观及价值观，在乎内心的真正需求与感受。这样的女人才能具备丰富的才情与品位，开创自我社交关系，轻松地享受生活。共勉之！

魔女ShaSha

2021.8

CHAPTER 01

愿你美丽不羁，自我又自由

初次见面，就要让对方记住你　　002

自信展现你的魅力和优雅仪态　　011

用你的人格魅力为社交加分　　015

用香水建立属于自己的味道　　022

感谢那些伤害你的人　　026

运用个人智慧，化逆境为顺境　　031

以柔克刚，建立黄金社交　　036

CHAPTER 02

想要看到这个世界最美好的东西，就先让世界看到最好的你

善用兴趣，快速建立好人缘　044

主动出击，不要被动等待别人联络　050

用同理心为自己的人际交往加分　059

做人带点弹性，人际交往更有韧性　064

讲信用，贵人会自己靠过来　070

真诚赞美他人，个人形象提升　076

懂得尊重，才能发掘好人缘　081

CHAPTER

03

管理好情绪，
就能管理好人生

掌控个人情绪，开创成功机会　*088*

与小人和平共处，积聚更多贵人来　*094*

用情和义，奠定你的事业版图　*099*

耍点小心机，别让他人轻易看透你　*105*

把理财当作一种生活态度　*110*

愿你美丽不羁，
自我又自由 —— 4

CHAPTER 04
交友不设限，
但真心好友要筛选

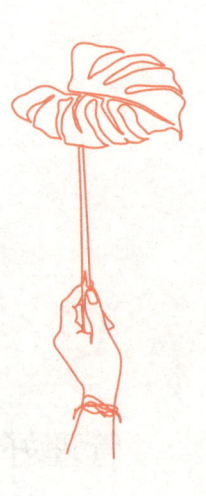

敞开心胸，让眼界放得更远　118

"男朋友""女朋友"都重要　123

不图利，重道义，患难方能见真情　126

付出真心不求回报，才能获得真友谊　133

相信自己，你就是最好的社交名片　138

CHAPTER 05
守护好家庭，其他都会慢慢变好

再忙也千万不能忽视家庭　144

别让"致命吸引力"找上你　152

"谨言慎行"造就美满的家庭　158

顾好自己，家庭才能跟着好　163

别让家庭成为工作战场　170

勇敢说爱，勇敢付出　175

CHAPTER 06

人的成长都来自内求，
而非外求

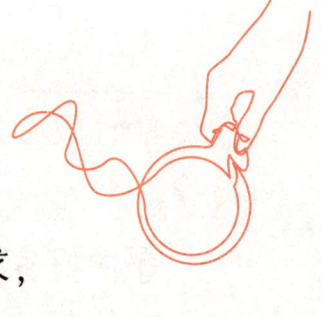

时时自省，不被欲望蒙蔽双眼　*182*

怀抱自信，永葆求知欲与好奇心　*188*

让自己随时葆有"竞争力"　*193*

善用自制力，沉住气获得关键社交关系　*197*

宁可冒险一下，瞻前顾后只能原地踏步　*204*

CHAPTER 07

愿你的事业，
不仅仅是谋生，还有热爱

不断用心，关系才能长长久久　*212*

应对职场社交关系，男女大不同　*219*

保持续航力让你纵横职场　*223*

将所有社交关系都视为珍宝　*230*

CHAPTER

01

愿你美丽不羁，
自我又自由

May You be Beautiful and Free

我们不只是生为女人，而是要作为女人。
这席话告诉我们女人不只是女人，
还要有掌握局面的能力。
社交与金钱独立，
是今日女性不可或缺的两条命脉，
而善用女性魅力建立自己的"社交网"，
更是紧紧关联着自己金钱上的独立！

初次见面,
就要让对方记住你

玛丽莲·梦露曾说:
"世界上最棒的事情之一,就是我是女人。
我想所有女人都该有同样的感受。"
做个具有女人味的女性,需要长时间地学习,
24小时做女人,活出自己的美丽。

眼神往往能反映出一个人内心的想法,人们习惯把流露出爱意的眼神称为"媚眼"。南朝诗人何思澄在《南苑逢美人》中说:"媚眼随羞合,丹唇逐笑分。"媚眼是将睡未睡,似醒非醒,半开半合间,有轻雾飘忽、烟尘笼罩的感觉。媚眼不是直视的眼光,而是灵活而内敛的,眉来眼去间,刹时烟波万里。

在与人交际的场合，适度地运用眼神，将可以达到快速与人建立关系的效果。善加运用眼神，是女性在社交场合展现魅力的无声语言。究竟要用怎样的眼神才能展现恰到好处的魅力呢？

善用眼神交朋友

在情场上，眼神是女人展现魅力的无声语言。在社交场合，女性也可以善用眼神，让人读懂你的心；但要注意千万不要失了分寸，否则弄巧成拙，会让人误解你的意思，那么该如何恰当地将眼神里想要与人成为朋友的讯息准确传达？

首先，运用目光交错的一瞬间，紧紧地抓住对方的眼神，如果不把握这个时机，机会稍纵即逝，很容易便错过了一段友谊的开始。当然，运用眼神时，也不要目光太过暧昧或紧盯住对方不放，这样反而会把对方吓跑，或以为你有其他的意思。

其次，要调整好自己的心情，先让自己的目光多去寻找一些美丽的事物，才能以一个开朗明亮的眼神与他人的目光交会。切记，你的眼神一定不能畏首畏尾，只有大方的目光才能百发百中，一下穿透别人的心。当你神情自在、大方地迎上别人的目光时，赶快再添上一个最甜美的微笑，这样会为你的社交表现加分不少。

最后，最为关键的是不要顾左右而言他，而是要运用你苦心经营起来的眼神，保持四五秒钟，温柔地注视对方的眼睛，当他突然反应过来时，你的一切已经十分美好地留在他的心里。

如何分析对方的眼神

在社交场合里，有人交朋友，为自己的事业铺路；有人也从友谊中擦出爱的火花。如何分辨他人目光与你交会时，所传递的眼神信息？如果你接收到的目光坦荡纯净，同时对方的笑容自然、温暖，仿佛自己得到了一直想寻找的表情，如果你对拥有那样目光的人有好感，就别浪费时间摆架子了！这人可能对你也有好感。

另一种是带着欣赏的目光，这种目光与前者容易混淆，有些不好分辨，你一定要分清，不然就成了自作多情。首先区别的要点是，对方一触及你的目光，便会移开眼神，转而注视你的眉毛、嘴唇或头发，这说明他并不关注你的内心需求，他对你只是持欣赏的态度，这样的目光表明了一个你应该了解的信息"我们不妨做个朋友吧"！

另外，还有一种目光要特别注意，这种目光盯上你时，你会觉得浑身不自在，像被毛毛虫咬了一下。如果再配上不自然的笑容，那么千万别理会他。万一他不肯罢休，再用那种目光、表情注视着你，还配合一些令人难堪的言辞和行为举止时，那就快躲开他吧！因为如果你不采取明确的态度拒绝他的眼神，他就会得寸进尺，对你骚扰得更加放肆了。

用微笑打破社交僵局

除了善用眼神吸引对方的注意，在许多人际关系中，恰当的时机，恰当的场合，一个简单的微笑可以使陷入僵局的事情豁然开朗。待人处事的时候，用微笑去感染他人，用真诚去理解他人，那么成功的人际交往就在你面前。

《红楼梦》中贾宝玉言："女儿是水做的骨肉……我见了女儿，便觉清爽。"一语道出女性的温柔、婉约、贴心与聪慧，总是让人忍不住驻足停留。温柔女子，总是人缘比较好。

要如何与陌生人打交道？用微笑拉近与他们的距离，是最容易打破僵局的方法。不管你心情好或不好，都应该大方自然地保持微笑，让自己赢得更多的关注与掌声，千万别让自己成为影响别人情绪的凶手。

卡耐基曾经鼓励成千上万的商人，要求他们用一个星期的时间，每天24个小时都对别人微笑，然后再回到班上来和大家分享。许多人都表示这么做之后，所得到的结果与从前大不相同了。朱蒂·奥利安正是一个典型的例子。

朱蒂·奥利安说："我已经结婚18年了，在这期间，我每天从早上起来到去上班这段时间，很少对我先生微笑，或对他说几句话。我总认为面无表情是冰山美人的特有标记。

"现在，我去上班的时候，就会对大楼的电梯管理员微笑着说一声'早安'。我以微笑同大楼门口的警卫打招呼。当我跟地铁的出纳小姐换零钱时也对她报以微笑。当我站在交易所时，我对那些以前从没见过我微笑的人微笑。

"我很快就发现，每一个人也对我报以微笑。我以一种愉悦的态度，来对待那些满腹牢骚的人。我一面听着他们的牢骚，一面微笑着，于是问题就很容易地解决了。我发现微笑带给了我更多的收入。

"我跟另一位经纪人合用一间办公室，他是个很讨人喜欢的年轻人，我告诉他最近我所学到的做人处世哲学，他很为我所得到的结果而高兴。他接着承认说，当我最初跟他共享办公室的时候，他认为我是个非常冷酷的人，直到最近，他才改变看法。他说，当我微笑的时候，充满温暖。

"我变成了一个完全不同的人，一个更快乐的人，一个更富有的人。"

女人的微笑最美、最有吸引力。当男人与女人吵架时，只要女人开始微笑，立刻就能化解敌对的气氛，让两个人的关系变得和谐而甜蜜。

微笑是快乐的最直接表现，能拉近人与人之间的距离。在一些不熟悉的场合，当别人友好地看着你时，你微微一笑，那么人与人之间的关系就不会显得紧张，反而变得自然。如果询问100位男士，他们最喜欢女人的什么脸部表情？微笑一定是唯一的答案。可见微笑展现的魅力，是不容忽视的。

辛巴威的乔伊夫人在巴克莱银行负责公共关系，她的办公桌就位于银行大门口入口处的右边。她总是面带微笑，不厌其烦地解答顾客遇到的各种问题。在她的办公桌上，有一篇用镜框镶起来，题为"一个微笑"的箴言："一个微笑不费分文但给予甚多，它使获得者富有，但并不使给予者贫穷。一个微笑只是瞬间，但有时对它的记忆却是永恒。

"一个微笑为家庭带来愉悦，为同事带来友情。它也能为友谊传递信息，为疲乏者带来休憩，为沮丧者带来振奋，为悲哀者带来阳光，它是大自然中消除烦恼的万灵丹。然而，它却买不到，借不来，也偷不去。因为在被拥有之前，它对任何人都毫无价值可言，有人已疲惫得再也无法给你一个微笑，那就请你将微笑赠予他们吧！因为没有人比无法给予别人微笑的人更需要一个微笑了。"

确实，微笑在人们的生活中有着不可低估的力量，它能为人际关系创造奇迹，同时改变着你自己。如果你要改变自己，重塑迷人的微笑，就应该从两方面着手：一是心态；二是行为。

心态，就是你对待事物的心理态度，这因人而异，有的人乐观向上，有的人消极悲观。你应该时常让自己保持乐观向上的心态，抛弃消极悲观的心态。如何才能学会微笑呢？你不妨试试以下经验：

- 让轻松愉快的事情围绕着自己。
- 在办公室里摆放让自己看到会开心的照片，如宠物或家人的照片。这些照片可以帮助你在工作中得到片刻的放松。
- 减少或消除负面消息对自己的影响。
- 每天在自己的周围寻找幽默和欢乐。如果你遇到交通阻塞，你可以假装自己正在拍摄电视剧，看看身边的人，看他们在你的节目里如何表演。这个练习可以让欢乐取代压力。
- 学会对自己微笑。一旦你学会这一点，人们将喜欢你，并与你打成一片，生活将变得更轻松。另外，你可以通过自我训练，让自己掌握更好的微笑技巧。例如，每天早上起来，在洗脸的时候，便可以对着镜子练习微笑，开始可能会觉得不太自然，但慢慢地培养真正乐观的心态，加上肌肉与神经的配合，往后每天早上你就会自然而然地给镜中的自己"一个灿烂的微笑"了。同时，你可以在纸上写下一些令自己快乐的事情。例如：

- 主管今天称赞我的工作表现。

- 这次生日，我收到了一条很漂亮的项链。
- 这半个月，我又瘦了 4 斤，离理想体重更近了。
- 今天亲爱的给我一个温柔的吻。

  想一些快乐的事情，自然而然会发出会心的微笑，永远都不要被挫折打败，因为所有的一切都会过去。一旦学会了微笑，并养成微笑的习惯，那么，无论在什么时候，你都能保持最佳状态。尤其是现代女性，在遇到挫折困难时，更应该学会勇敢地对挫折一笑置之，给自己一个充满信心的微笑，也让他人看到你的能力。这可是建立社交的最基本步骤呢！

  在打造社交时，能吸引他人，让其愿意与自己建立长久关系的另一个关键，就是要有颗柔软的心。这是在美丽外表之下，更让人难以忘怀的，尽管自古英雄爱美人，但是柔情似水的女性，对男性来说，更是一种无法抗拒的美，一种可以征服他们的力量。这是造物主的安排，即赋予男性阳刚之美，而赋予女性阴柔之美。若能如此顺天道而行，展现女性的温柔，毫不费力，就可以让你赢得好人缘。

  每个女人的命运都大不相同。有的女人终其一生缺少色彩，都在陪衬别人，从没意识到自己所具有的独特魅力及人生价值，只会感慨上帝的不公，殊不知成功的女人要懂得好好经营自己，并且尽量地展现及流露自己的魅力，将其发挥得淋漓尽致，用魅力建立自己的"社交网",用魅力掌控自己的命运,这样才能成为快乐一生的最终赢家。

女人的美丽绝不等于魅力,女人的魅力源自智慧的积累,是容貌与气质的结合,感性与知性的结合。没有人能容颜不老,在花飞花谢之际,总有凋零之时。而魅力所带来的一切,却是与日俱增、历久弥新的,这是女人一生用之不尽的财富。拥有了魅力,总是人见人爱,左右逢源。施展你的魅力,享受你的社交关系,创造你的价值,这才是你该拥有的生活。

自信展现你的
魅力和优雅仪态

每个女人都有属于自己的个人魅力，

了解自己的优缺点，

就能自信又优雅地游走在人际交往中，

就像巴黎的女人，她们与众不同之处，

就在于她们乐于展现自己，

并且大方地掳获众人的目光。

你曾经羡慕过其他女人的外貌吗？相信很多女性内心都有过这样的想法：如果我的眼睛再大一点、胸部再丰满一点、腿再细一点……那该有多好。拥有令人惊艳的一张脸孔或曼妙的身材，确实会让人留下深刻的印象，但是<u>要成为一个真正让人</u>

喜欢并乐于与你相处的女人，就要做到由内而外自然散发出一种优雅与自信，这是女人维系人际关系不可忽视的内在感染力。自信而不自大，优雅而不孤芳自赏的女人，不论男人、女人都爱与她们相处。

迷人的气质来自你的自信

一个女人的信念、学识、品德、聪慧、能力、气质等都是能够帮助她展现个人魅力的养分之一，但是拥有自信是最重要的。这种自信不是光靠嘴巴上说说，是要真正发自内心的。它可以表现在各个方面，比如每个月领一样薪水的女人，有自信的会做财务规划，设定储蓄目标，甚至贷款买车、买房子。这样她可提前享受到更优质的生活，同时是对自己能力的肯定，认为自己可以偿还所有贷款。当然她会体会到其中有很大的压力，但自信会使女性把这种压力转化成动力，继续奋斗。

泡一杯好咖啡，写一手漂亮的字，讲一口流利的外语，唱起歌来嗓音甜美，都可以展现女性的魅力。不要忽视你的优点，懂得适时表现自己的女人更能吸引他人的注意。

优势是自己赋予的，不是别人给的

常听到许多人说，女人做事缺乏逻辑，她们太感情用事，容易误大事。身为女人，你认同这些话吗？如果你也拘泥于这种未经科学证实的思维中，那就会埋没自己的潜力。因为女人的细心、灵活、圆滑都是优势，这些正是男性在人际交往时所缺乏的。举个例子，女性在制定目标时往往是比较弹性化的，不像男性那么制式且死板，这样她们在实践中很容易灵活调整，也就更容易实现目标，获得成功。同样，女性在建立人际关系时，也是采取圆滑、柔软的态度与身段，反而更容易赢得别人的认同。

此外，常有人认为哭是懦弱的一种表现，但相较于男人的好面子，容易压抑自己不轻易在他人面前表露情感，女人的眼泪反而是一种缓解压力的方式，而逛街、聊天也是女性在日常生活中，让自己跳脱负面情绪与重整思绪的方法，因此女人自然更容易以清澈的心情处理问题，向前迈进。

从恋爱中发掘你的潜在魅力

对许多女人来说爱情是生命中不可或缺的东西，她们可以为了爱做出许多令人感动的事，并在这些付出中激发了自己吸引人的魅力特质。

很久以前，有两个部落的居民经常打仗，多年过去仍然难分胜负。它们中一个部落坐落在高地，另一个部落坐落在洼地。处在高地的部落头领想出残忍的灭绝之道——把高地的水库打开，那样，洼地中的部落将被大水围困，注定要灭亡。水库打开后，呼叫之声不绝于耳。看到如此惨状，围困者做出了一个决定——派船去营救落水之人。但是，派遣的船只不多，只能容纳极少的一部分人。他们的头领喜欢女人，所以只让妇女上船，并要求她们只能带上一件自己最喜欢的东西。于是，有的女人带玉镯，有的女人带金银首饰，有的女人带上铜镜……她们既想保住自己的生命，又不想失去自己的财产。唯有一位妇女肩扛着自己的丈夫，奋力上船。一个士兵阻拦道："只允许妇女上船，不允许带男人。"那位妇女说："这就是我最喜欢的东西。"士兵无言以对，只好乖乖地让他们上船。结果在那次灾难中唯一幸存的男人，就是那位妇女的丈夫。

生命和财产固然宝贵，但若失去了爱情，人生也瞬间失去了意义。聪慧的妇女不仅保全了丈夫的性命，更守住了她美好永恒的爱情。通过恋爱，女人更能够发现自己许多潜在的魅力，你的体贴、你的温柔……在与另一半的互动中更显成熟，这些性格特色更能帮助你建立人际关系。

用你的人格魅力
为社交加分

在与人建立人际关系时,

你是如何展现人格魅力的?

成熟又不失娇态的女性,

从容不迫的态度,让人喜欢与她亲近。

美丽的女人,人见人爱,但真正令人记住的,往往是具有人格魅力的女性。要在社交场合成为一个受欢迎的女性,除了展现女性天生的温柔气质外,许多平常养成的特质,也会间接影响女性在社交场合给人的印象。

用外在美给内在美一个展示的机会

从女性的角度来看,理想的女性是什么样子呢?美丽大方、进退得宜、打扮得体、聪明伶俐、待人亲切。

但从男性的眼光来看,理想的女性应该是贤惠的妻子、热情的情人、慈祥的母亲、值得信赖的朋友,有时她能倾听他的话语,并且能够抚慰他的心灵;有时则希望她能撒娇,让他扮演保护者的角色。

想让自己成为在同性及异性眼中魅力十足的女人,就要掌握以下这7种武器,让你在同性与异性之间都受欢迎。

修饰得当,品位独到

这样的女人长得不一定非常美丽,但看上去令人赏心悦目;她不追求潮流,却能独具匠心穿出个人品位。她能传达出内心的成熟与丰富,像一杯醇厚的葡萄酒,令人微醺陶醉。

善待自己,体贴别人

在任何时候,她们都不会伤害自己,情场失意、事业受阻只会让她们的心情短暂低落,她们不会因此而堕落或放纵。她们爱惜自己,知道保持良好的健康状况;她们积极运动以维持体态;她们勤于保养容貌,有良好的生活习惯,抽烟、饮酒、通宵达旦宴饮狂欢都不会发生在她们身上。对待朋友她们则是体贴细心，记得朋友的生日，及时给予祝福，在朋友失意、沮丧时给予真心的安慰，她们不工于心计，只真诚待人。

不念过去，不畏将来

人生就像一场电影，每个人都是自己剧情里的主角，人的幸福没有固定的标准，重要的是用生命的长度不断拓展生命的宽度，将自己当作一件艺术品好好去打磨，用心去呵护，时刻保持一颗真善美的心，在喧嚣的岁月里安稳地行走。

聪明博学，应对玲珑

"女子无才便是德"早已是过时之言，有魅力的女人冰雪聪明、知识广博，有讲不完的丰富话题，应对玲珑更是社交场合中的利器，不管是天文地理、科技人文、八卦话题，信手拈来，绝不会令人感到琐碎无聊。

言语风趣，收放自如

她们很懂得说话的艺术，从不会在观点不一时将自己的意见强加于人。她们会轻松地化解无聊的玩笑，既不会板起脸孔制造尴尬，也不会不声不响将他人的话照单全收，她们会以委婉的方式暗示对方"此种话题不受欢迎"。

追求爱情，却不痴迷

她们追求独立，不依附另一半，不会陷入纠缠不清的爱情。因为她们深知，爱情不是女人生命的全部，太多的期盼只会在将来化作一身的怨气；她们勇于追求真爱，被拒绝也不害怕。当然，她们也不会让自己变成被爱情困住的金丝雀，痴痴等候，因为她们清楚地知道亲情与友情也是生活中很重要的一部分。

人格独立，经济自主

一个有魅力的女人有完整独立的人格。在经济上，不依靠任何人，懂得良好的经济基础是维护自我尊严的必需。通过经济独立，她们享受着成就带来的满足感；在精神上，她们不是某个男人的附属品，而是更加具有自我意识，更加注重追求自我的价值、自我的目标。

善用属于自己的女人味

每个女人都具有属于自己的女人味，随着时间的推移，举手投足都有着成熟的气度，像一颗经过岁月侵蚀，但已经拥有温润光泽的珍珠，她们不仅拥有外在的优雅，更具有内在的能量。

具有女人味的女性，就像是在烹调中加了姜葱蒜，让味道更出色。所以，不要认为自己天生丽质无须打扮，无论在什么样的场合，都要好好地对待自己：适度的淡妆，轻柔的言语，甜美的笑容，处处展现女人的可爱。另外，优雅的气质、诚恳的态度，举手投足间都要比别人多一分优雅，才能散发出吸引人的女人味。

谈了那么多，该如何善用女人味让自己在社交场合中更受人瞩目，建立优秀的社交圈呢？以下几个方法不妨试试看。

优雅的仪态非常重要

浅浅的微笑，深情的眼神，举手投足之间说话的方式，都可以令你加分。因为仪态的美，令人赏心悦目，更愿意与你接近。内修于心，外修于行，优雅是唯一不会褪色的美。

善用衣品提升气质

香奈儿女士曾说过："你的一举一动，如何走路、如何微笑都是你不可或缺的一部分；穿衣打扮亦是如此。"当你把时装看作你自身的一部分时，时装不再是一种掩饰，它会让你更加光鲜亮丽。优雅的气质需要衣品来体现，低调但赏心悦目，经典但不失时尚，主题明确但内容丰富。善用基本颜色，用鲜艳的颜色和图案在细节和不经意处做装饰。每个女人都应该找到最适合自己的穿衣风格，在这个基础上，根据时尚流行和季节变化装点自己，并且恰当的衣着穿搭可以弥补一些身材的不足。

一双好的高跟鞋让你更迷人

一双合适的高跟鞋，会令你的双腿增加无限的魅力。高跟鞋与性感的关联，在于高跟鞋能让双腿看起来更为修长，让上身挺拔，胸部的曲线自然地就被塑造出来，增加了女性身材前凸后翘的效果，具有修饰身形的作用。但尽量选择舒适的材质，并避免长时间穿着，以免磨脚而影响走路姿势，破坏美感。

读书助你更加从容有智慧

读书可以提升我们的内在修养、治愈心灵、处事情商、理解爱情、成长认知，读书让我们保持头脑清醒，用独立思考去看待每一件事请。读书可以提升气质，正如人们所说的"你的气质里，藏着你读过的书，走过的路，爱过的人"。常读书的女人，她的一颦一笑，一举一动，都由内而外散发着迷人的气质。优雅的气质，永远是读书赋予的附加值。

内在修炼和事业上的努力为美丽锦上添花

女人要不断地给自己设立新的目标，认真地年轻，优雅地变老。"认真"不仅仅是外表的精致,更是事业上的提升,人生没有什么事情是轻易做到的,自律、明事理、知进退、懂上进是让人优雅的秘诀。

勇敢向恋人表达爱情,向朋友倾吐友情,不要用假象遮掩并压抑自己的真实情感。经营人际关系要懂得收放自如,不要过度紧张,也不要置之不理,保持稳定的情绪、沉稳的心态,了解自己、剖析自己,不畏表达自我,不惧岁月流逝,平和地面对岁月的礼物,保持内心的柔软,勇敢面对生活带来的挑战。

用香水建立
属于自己的味道

时尚大帝卡尔·拉格斐说:
香水是每个人的必需配件。
不论男女老少,
任何人都需要一条牛仔裤和一件衬衫及一件外套,
这是每个人每天都需要的服装配件,
香水亦然。

20 世纪的一代性感女星玛丽莲·梦露曾接受记者访问被问到睡觉时都穿什么。她说:"Chanel No.5!"

香水被称为"液体钻石",是任何一个时代的女人都热爱的。也因为如此,香水成为一种极具魅力的时尚文化标志,女人和男人都觉得香水是诱人的。毫无疑问，香水使女人变得美好，变得珍贵，变得性感。这些能为女人性感加分的味道，都是女人在拓展人际关系上，吸引他人与其建立关系的武器。

把香水洒在你想让人亲吻的地方

法国娇兰香水家族第四代传人曾说："女人的嗅觉比男人更灵敏，但是后者比前者多一点优势，就是有较多的幻想。男人比女人保留了更多来自野兽的野性和冲动，而气味就是引起这种冲动的最重要的一环。如果我们把灯关了，女人还能剩下什么吸引男人？她的美丽还能让别人领略得到吗？那时只有她温柔的声音和身体上散发出来的香味吸引着你。"

就像在灯光昏暗的派对场合，在模糊的脸庞前，身体上散发出来的香味，就像音乐的音符，即使在夜幕下，也会让人的脑海里清晰地浮现起你那玲珑的曲线、飘逸的长发、性感的嘴唇。

在英文中，使用香水的动词是"Wear"，即"穿"的意思。那么，香水应"穿"在哪儿呢？一般来说，适当的地方应该是在脉搏跳动活跃的地方，比如耳后、后颈、手腕、手肘内侧，静脉上的温度会使香水的味道渐渐弥漫；还有活动频繁的部位，比如头发、指尖、腰际、大腿内侧、脚踝，香水会随着你身姿的摇曳散发出香气。事实上，作为一个现代女性，你不一定要遵守那么多规则。香奈儿曾经告诉女人："你应该把香水洒在你想让人亲吻的地方。"

香水让女人更有味道

据说，早在 2000 多年以前，埃及艳后克利奥帕特拉七世就掌握了香水的奥秘。她每天都在盛满丁香香料的浴缸中沐浴，并且在身上涂抹麝香类动物的香料，她那妖艳的香气征服了恺撒大帝，也迷惑了罗马帝国统帅安东尼。别怀疑，这就是香水使女人更有吸引力的魔力。

电影《香水》改编自德国作家帕特里克·聚斯金德的小说《香水：一个谋杀犯的故事》，影片的主角格雷诺耶是个"没有气味的人"，这让他极度焦虑与不安，为了让自己身上保留香味，他不断杀害少女来制作各式香水。最终当格雷诺耶被带到台上准备受刑前，他在台上洒下了几滴神秘的香水，而这香水竟使众人痴狂，在场的男男女女都呈现失控的状态，或许有些夸张，但也表明香水是多么神秘地诱惑着众人。

对法国人来说，香水的味道能够代表一个人，你使用的香水，影响别人对你的第一印象。

每个女人都应该有一瓶香水，找到属于自己的香味，好让自己一整天都沐浴在和谐舒缓的清新气氛中，保持全天好心情，并让周遭的人闻到这个气味就会想起你，这也会成为你的个人特色。

此外，香水也是能帮你开启话题，建立社交的好帮手。对许多人而言，和陌生人谈话是交际中的一大难题，处理得好，可以一见如故，相见恨晚；处理得不好，只会导致四目相对，局促无言。怎样才能找到自己和陌生人的共同点，开启轻松愉快的交谈呢？

在他们的表情、服饰、谈吐、举止等各方面，只要你善于观察，就会发现你和他们的共同点。当然，察言观色所发现的东西，还要和自己的兴趣爱好相结合。例如，你发现对方使用某一品牌的香水正是你也喜欢的，就可以借由香水的话题，打破沉寂的气氛。否则，即使发现了对方的生活习惯，还是会无话可讲，或讲一两句就卡住，无法继续了。

当然，不管男人或女人，都可以通过一个人使用的香水大致推敲并了解他的性格与爱好。

感谢那些
伤害你的人

遇到挫折时，不要觉得惊讶和沮丧，

反而应该冷静地看待它、解决它。

越是坚强的女人，

越有一股让人尊敬与心疼的魅力，

唯有自己表现得更坚强，

别人才能帮助你。

一位财经界的女性高级主管，在一次接受电视台访问时，当记者问道："遭遇挫折时，你面对的态度是什么？"她的回答是："我非常开心遭遇挫折，因为这表示我又有机会再次超越自己了。"这就是成功人士的特质。在遭遇挫折与失败的同时，你应该善于运用自己原有的资源与社交，动动脑筋解决眼前的难题，这样你不仅增长了智慧，也学会了用积极的心态去面对并解决问题。

沉着冷静，保持正向思维

有一个年轻人好不容易得到一份工作，被派到一个海上油田钻井队。首次在海上作业时，领班要求他在限定的时间内，登上几十米高的高台，将一个包装盒子交给最顶层的一名主管。他小心翼翼地拿着盒子，快步爬上狭窄的阶梯，将盒子交给主管。主管看也不看只是在盒子上签了个名，然后又叫他马上送回去。他只好又快步地跑下阶梯，将盒子交给下面的领班，领班同样也在盒子上面签了个名，又叫他送上去交给主管。他疑惑地看了领班一眼，但还是依照指示送上去。

第二次爬到顶层的他已经气喘如牛，主管仍旧沉默地在盒子上签了个名，示意他再送下去。他心中开始有些不悦，无奈地转身拿起盒子送下去。他再度将盒子交给领班，领班依旧只是签了名后又让他再上去一趟，此时他已经有些生气。他瞪着领班强忍住不发作，抓起盒子生气地往上爬，到达顶层时他已经全身湿透了。他将盒子递给主管，主管头也不抬地说："将盒子打开吧！"此时他再也忍不住满腔怒火，重重地将盒子摔在地上，然后大声地吼道："老子不干了！"

这时主管从位子上站了起来，打开盒子拿出摔碎的香槟叹了口气对他说："刚才你所做的一切，叫作极限体力训练，因为我们在海上作业，随时可能会遇到突发的状况及危险，因此每一位队员必须具备极强的体力与配合能力，来面对各种考验。好不容易前两次你都顺利过关，只差最后一步就可以通过测试了，实在很可惜！看来你是无法享受到自己辛苦带上来的香槟了，现在你可以离开了！"显而易见，他的新工作因为自己沉不住气，只能宣告失败了。而这次即将到手，建立崭新社交的机会，也因为他无法承担挑战而失去了。

身在职场，不动脑，沉不住气，随情绪波动而莽撞行事，只能惨遭失败，而好不容易遇到并新建立的社交基础，也会在这一来一往中被牺牲掉。遇到难题时切忌盲目，不妨先就难题本身思考一会儿，因为往往难题本身就是答案。静静酝酿出几套方案，利用女性特有的细心，也许你就能通过这段社交的考验！

挫折来时努力超越不抱怨

刘嘉玲曾经提过自己刚出道时，总是被人歧视，被人拒之千里。她说当时自己听到的嘘声多过掌声，挑剔多过赞赏。导演不看好她，同期出道的女星拿了无数影后称号，她却还在努力争取表演机会。她不否认自己的事业失败过，直到后来她以《阿飞正传》在法国拿了影后，事业才由谷底翻身。如果没有王家卫这个人生中的贵人，现在的刘嘉玲也许还是默默无闻。

除了事业，刘嘉玲在感情上也受过打击，生活上也经历了一些不幸。像和梁朝伟的爱情长跑，分分合合很多次，更因此成为别人指指点点的对象。然而，在习惯了人们的说三道四后，她选择了低调面对，却没想到十几年前的一些不愉快的事情竟然被翻出。可曾想过，如果你是刘嘉玲，你会怎样？是痛哭，还是躲起来？或许刘嘉玲曾经哭过，但她更勇敢地承认了照片上的女星正是自己。这样的勇气让演艺圈、媒体与民众都由衷地佩服和欣赏，这反而让她的演艺道路更宽广。

将挫折转化成前进的动力

"当一个人的生命受到威胁的时候，每个人都会本能地面对并解决它。我并不是特别坚强，我只是幸运，我好像是棵向日葵，阴影永远在背后，我的脸向着阳光，看每一件事都用最简单的方法去解决复杂的问题；不过我的智慧仍然有限，仍需要吸收知识。"

以前的骂声、绯闻在此刻早已灰飞烟灭。刘嘉玲的坚强赢得了大家的掌声，面对困难，她不是躲避退缩，而是勇敢地面对。她的形象不但没有受损，反而得到了更多人的欣赏，获得了更多演出和代言的机会，也获得了人生财富的积累。当然，人生不可能一帆风顺，所以自从你有自我意识的那一刻起，你就要有一个明确的认识，那就是人的一辈子必定有风有浪，绝对不可能日日是好日、年年是好年。

很多女人遭逢生命的变故时，总是不停埋怨老天："为什么是我？""为什么我就这么倒霉？""我为什么这么命苦？"即使哭哑了嗓子，事情也不会无缘无故地好转，所以要坚强地面对。碰到令人伤心的事情时，一定要告诉自己："事情来了，就面对它吧！这是必经的历程，只有自己能帮助自己，所以我要勇敢面对，现在就想办法处理！"不断用心灵的力量来为自己打气，然后要比平时更振作，才能让自己走过生命的黑暗期，迎向灿烂的光明。

运用个人智慧，化逆境为顺境

俗语说："失之东隅，收之桑榆。"
成功的道路不止一条，条条大路通罗马。
如果这扇门你实在推不开，
那么请你"另开一扇门"，
你会发现整个世界都呈现在你面前，
缤纷多彩的世界正等着你。

在这分秒必争的时代，想要脱颖而出，建立良好的社交关系，临场反应相当重要，瞬间的机智思考，当下将阻力化为奇妙助力。一个临场反应良好的人，总能掌握当下的问题，也能够巧妙地解决。

条条道路通罗马，此路不通，何不再寻他路？想从别人设下的困局逃脱，只要不顺着设局者的逻辑去考虑问题，这样，你就可以见招拆招。善用女性特质，把握手边机会，将阻力转化为助力，相信这场社交游戏，你将会是胜利的一方。

随机应变开展社交

晓涵通过人力银行，找到了一个很适合她的工作，网页上说求职者要在面试当天早上 8 点钟到达八德路的一个地方。晓涵并没有等到 8 点钟，而在 7：45 就到了。但她看到已经有 20 位应征者坐在那里，她只是队伍中的第 21 位。

怎样才能引起注意脱颖而出呢？她冷静地思考着，很快想出了一个办法。她拿出一张纸，在上面写了一些东西，接着将它折起来，走向秘书小姐，客气地对她说："小姐，请您马上把这张纸条转交给您的老板，这非常紧急。"

她是一位相当资深的秘书，如果对方只是个普通人，她可能就会说："算了吧，小姐，你回到位子上坐着等吧！"但是她感到晓涵有一种自信的气质，于是她把纸条收下了。

"好啊！"她说，"那我先来看看这张纸条。"她看完后不禁微笑了起来，立刻站起来，走进老板的办公室，把纸条放在老板桌上。老板看了也大声笑了起来，因为纸条上写着：

"您好！我排在队伍中第21位，在您没有看到我之前，请不要做出任何决定。"

晓涵是不是得到了这份工作？她当然得到了，因为她机智并勇于行动。

懂得随机应变，别人就会对你留下深刻印象，社交河流自然流畅无阻。

脸皮厚一点，社交宽一点

小倩是个业务员，女性在这个领域格外辛苦，可是小倩却是公司的超级业务员，她的成功并不是偶然，我们来看看她的态度。

这天小倩来到一家公司推销产品。她恭敬地请秘书把名片交给董事长，一如所料，董事长不感兴趣地把名片丢回去，"又来了！"秘书很无奈地把名片退给站在门外的小倩，小倩不以为意地再次把名片递给秘书。

"没关系，我下次再来拜访，所以还是请董事长留下名片。"

拗不过小倩的坚持，秘书硬着头皮，再进办公室，董事长发火了，将名片撕成两半，丢给秘书。

秘书不知所措地愣在原地，董事长更气，从口袋拿出10块钱大声说道："10块钱买她一张名片，够了吧！"

岂知当秘书把名片与 10 块钱拿给小倩后，小倩露出甜美的笑容并且高声说："请您跟董事长说，10 块钱可以买两张我的名片，我还欠他一张。"随即又掏出一张名片交给秘书。突然，办公室里传来一阵大笑，董事长走了出来，"这样的业务员不跟她谈生意，我还找谁谈？"

很多人在工作中只要遭受到一点打击，就开始抱怨别人，却不肯从自己身上找原因，因而陷入被动局面，职场社交当然就无法累积下去。如果放弃偏见，不再为得失而烦恼时，你的人生目标和理想就有可能在不远处向你招手。唯有长时间在一个环境存活下去的人，社交的资源才会渐渐被累积下来。

随时做好准备，抓准时机不退缩

一位华裔留学生刚到澳洲的时候，为了寻找一份能够糊口的工作，他骑着摩托车沿着环海公路走了好几天，四处替人打零工。有一天，在唐人街一家餐厅打工的他，看见报纸上登出澳洲电信公司的招聘启事。留学生担心自己英语不地道，专业度不够，于是选择了门槛较低的线路监控员的职位应征。过五关斩六将，眼看他就要得到那年薪 3.5 万澳元的职位了，没想到主管却出人意料地问他：

"你有车吗？你会开车吗？我们这份工作时常需要外出，没有车寸步难行。"澳洲公民普遍拥有私家车，可这位留学生当然没有车。为了争取这个条件优渥的工作，他不假思索地回答："有车！会开！"

"4天后，开着你的车来上班。"主管说。

4天之内要买车、学车谈何容易，但为了生存，留学生豁出去了。

他向朋友借了500澳元，从旧车市场买了一辆毫不起眼的二手车。第一天他跟朋友学简单的驾驶技术；第二天在朋友屋后的大草坪上模拟练习；第三天歪歪斜斜地开着车上了公路；第四天他居然驾车去公司报到了。

时至今日，他已是"澳洲电讯"的业务主管了。我们常常感叹，自己错失了多少机会，但很多时候其实是我们准备不够又不懂得把握机会。女人啊，与其事后自怨自艾、后悔莫及，不如机会来时就紧紧抓住它。

以柔克刚，
建立黄金社交

在人际关系上，
女人最能打动人的就是温柔。
一个见过世面的女人一定是温柔的，
温柔不是无原则地顺从，
而是一种平和的理性的态度，
这种态度既可以让你与人尽享充分的情感沟通，
又可以让你理性地与他人交谈。

有些人称赞女人时会说她柔情似水，因为这是作为女人最基本且不可或缺的重要品性，其核心是温柔，这也是男人所缺乏的。男人们常说女人心软，眼泪不值钱，殊不知这正是女性可爱、温柔的一种表现。富有同情心、帮助弱者、通情达理、宽容、谦让、体贴等也都是女性温柔的具体表现。

温柔也是女人特有的武器，哪个男人不愿意被这样的武器击倒？哪个女人不愿意拥有一位温柔且值得信赖的同性好友？

展现女性温柔，轻松赢得好人缘

一般人对于日本女人的刻板印象都是以夫为尊、太过谦卑；但是以我的观察，我认为那是日本女人为男性所展现的温柔。温柔是女性独有的特点，也是女性建立社交的宝贵财富。如果你希望自己更完美、更妩媚、更有魅力，你就应当保持或挖掘自己身上作为女性所具有的温柔禀赋。那么在日常生活中，怎样才能让自己的表现更温柔、更可爱呢？建议你可以从以下几个方面来培养自己温柔的性情。

通情达理。这是女性温柔的最佳表现。温柔的女性往往为人谦让，有同理心，凡事喜欢替别人着想，决不会让别人难堪。

富有同情心。多一点理解，多一点付出，在爱里学习成长。

善良体贴。对人对事都抱着正面的想法，喜欢关心和帮助别人。

细致周到。让人心动的不是你做出了多么惊人的举动，更多的情况下，适时地细心关怀和体贴，最能叫人怦然心动。

情绪稳定。不要一遇到不顺心的事情就暴跳如雷、火冒三丈。以柔克刚，才是女人的最高手段。

不软弱。温柔绝不等于软弱，温柔是最有韧性的包容。

慢慢建立起你温柔的形象，让女人与你相处时感到舒适，让男人与你相处时感到温暖，让他们有心事想说时想起你，有事情想讨论时想起你，这样无形之中你也就慢慢累积起自己的社交了。

以亲和力取代控制欲

女性主义抬头后，现代女性勇于表现自己的才智，学识让现代女性更有自信，但是在自信之余，讲话粗声粗气、大呼小叫，完全忘了女人天生的温柔特质，就会变得咄咄逼人，让人难以亲近。其实，有时女性适度展现温柔的模样，可以帮助自己在人际关系上更容易有进展。

这是一个审美观与价值观多变的时代。今天流行日本美女，明日又流行韩国美女，整形的风潮从未停歇，整形的重点，却因为审美潮流的不同日新月异，永远没有尽头。名模走红，一夕间成为许多少女追逐的对象，加上社群媒体普遍，大胆秀自己成为一种潮流，网络恋情不再让人面红耳赤，大胆求爱，早已不是新鲜事，这就是现代女性，变得越来越开放、大胆而狂野。

在这样的社会风气之下，女性多半喜欢以女强人形象出现，而那些仍然保持强烈柔媚特质的女性，显得特别突出，像模特儿林志玲，总是面带笑容，态度温和，成为许多男性喜欢的女性形象，也成为许多女性模仿的对象。林志玲效应，让我们看到消失已久的女性特质。

被誉为"零负评"的艺人林依晨，不仅行善不为人知，亲和力也是有目共睹。每次面对媒体访问时，她的脸上总是挂着浅浅的微笑，不论记者提出任何尖锐问题，她都谦逊而温和地表达出自己的意见，真的不愿回答的问题，也不会动怒或是斥责提问者，只是轻松避开，这就是一种以柔克刚的力量。

亲爱的姐妹们，请找回自己与生俱来的这种温柔特质，做事能力强不表示你就一定要用强势的态度示人，发挥你的亲和力，降低内心的控制欲，试着多聆听周遭的朋友、家人及同事的心声，多了解他们，才能找到更恰当的相处方式。人们都是渴望温暖与关怀的，你也不例外，以这种心态为出发点，将心比心地关照别人，你也能获得更多赞赏。

温柔又带点知性，魅力所向披靡

不管你是年轻美眉或是熟女，保持你的性感特质，就能让你在社交场合成为别人关心的对象，拓展女性社交，除了知性，更不该放弃的是女性最直接的柔软特质。女性借着穿着、言语、态度及眼神传达一种与人为善的讯息，这种魅力让接收到讯息的人很难抗拒，使用得当，会成为人际关系中无往不利的工具。从一抹微笑，一个眼神，到整体优雅简约的气质，都可以读到"知性"这两个字。它是一种感官的表达与享受。

虽然每个人的容貌大多是先天决定的，然而女人的优雅却可以用后天的方式来改进。以下告诉各位姐妹们几个小秘方，可以让你更知性。

服饰是无声的语言，传递着女人的美

穿着能衬托出身体优美线条的合身剪裁，可以让你魅力倍增；一双合适的高跟鞋，让你更显亭亭玉立；适当地在胸口佩戴一些小饰物，凸显迷人的胸部曲线也是一种个人风采。得体但不过度暴露地显出自己身材的优点，充分展现自己的体态美。

良好的姿态能使女性倍添风采

女人亭亭玉立的站姿是一种挺拔而不僵直，充分展现女性纤细身材和柔美曲线的姿态，给人高雅、优美的感觉。女性走路时要注意轻盈快捷，使人感到你是一缕轻柔的春风。切忌站"三七步"或是弯腰驼背，不仅时间久了体态会变形，人也显得

没有气质和懒散。

谈吐是女人的风度、气质和美的结合

谈吐不仅指言谈的内容，而且包括言谈的方式、姿态、表情、速度、声调等。女性文雅的谈吐是学问、修养、聪明、才智的流露，是魅力的来源之一。与人交谈，既要有思想的交流，也要有感情上的沟通；任何语言贫乏、枯燥无味、粗俗浅薄的行为，都会使人感到厌烦。如果女人的谈吐既有知识、趣味，又能用丰富的表情和优美的声音来表达，在建立社交关系上将会得到意想不到的效果。

现代女人的温柔不再是过去那种一味地委屈顺从，而是建立在平等基础上的体贴、宽容和贤淑，给人温暖和舒适的感觉。温柔且性感将是每个女人都必修的一门课题。

CHAPTER

02

想要看到这个世界
最美好的东西,
就先让世界看到最好的你

May You be Beautiful and Free

还记得初入社会的你吗?
面对着纷繁复杂的社会,
你开始第一份工作,
学着独立、学着与人交际、学着待人处事,
克服自身各种小缺点去适应环境,
但这一切的学习与磨炼造就了更棒的你。
那么接下来我们要开始建立最重要的社交存折!

善用兴趣，
快速建立好人缘

兴趣是最好的社交药引，

它可以补充你的精力，

激发你的潜能，

还能为你增添信心和动力，

让周遭的人感受到你的热情，

不知不觉中引领你迈入成功之途。

对社会新人来说建立社交并不是一件容易的事，毕竟初入社会，认识的人并不多，除了要适应新环境，与职场上的同事或主管相处也是必须克服的问题，在如此多的难题环绕下，如果可以从自己感兴趣的工作或事情开始着手，往往可以事半功倍。

兴趣相投会产生磁吸效应

　　子婷是家里的独生女，父母对她寄予厚望，从小就让她参加各种才艺班，英语、作文、钢琴、心算、芭蕾舞等课程都报名了，虽然钱花了不少，子婷却什么也没有学到。高中联考的时候，连职业学校的分数也没达到。随着她分数一年比一年低，父母的希望值由高到低，最后变成了零。由于高考落榜，父母只好又花钱把她送到一所私立学校学习外语。可是，几年下来，她的进步很小，对于课业的兴趣越来越低，还经常逃课；子婷的个性渐渐越来越孤僻，在班上人缘也不好，最后连毕业证书都没拿到。

　　在家里无所事事地混了一段时间，父母又通过关系帮她找了家公司上班，公司是做机械设备业务的。有一次，一个客户打电话问她某某型号的抽水机的重量是多少。她不知道，便问一位同事，同事支支吾吾地说："我也不知道。"她又问另一位同事，得到的回答也是"不知道"。

　　同事们异口同声的"不知道"引起了她极大的好奇心和兴趣。她怎么也想不通，那些工作了多年的同事怎么会连这个都不知道。于是，她找来一些有关抽水机的资料，并到各厂商那里实地考察，把各种型号的抽水机的重量、性能等都记录下来。很快地，她成了这个行业的精英。

　　她的兴趣由设备扩展到技术术语方面，再由技术术语扩展到外语。渐渐地，她的外语水平和技术能力在公司里无人能及，有了自信之后，子婷的人际关系也开始改善。后来，她考上了研究生，拿到了硕士学位，目前正在读博士。

她的父母百思不解，从小为她投入那么多，花了那么多钱，她却连职业学校都没能考上。最后，她竟然一边上班，一边在这么短的时间内考上硕士、博士！

其实亲爱的姐妹们，不知道你们有没有发现，在念书的时候，只要看到跟课业有关的任何东西都提不起兴趣，甚至还有排斥的心理，而一毕了业，工作了几年，或许从工作中，或是从其他同行团体中，发现了自己感兴趣的事物，那份愿意投入的热忱，一定远超过于当时被强压着头念书的干劲吧！因为除了干劲外，更多了我们的持续力呢！

开启重新往前冲刺能量的神秘钥匙，就是流窜在我们血液里的天赋潜能，那就是兴趣，唯你独有，与众不同。

一旦开始从事自己喜欢的事业，你就能释放出超越自我的力量，拿破仑·希尔曾说："做你感兴趣的事，如果你的兴趣够浓的话，那么你几乎是所向无敌的。"周遭的人都可以进一步感受到你的朝气，所以应该先从自己感兴趣的地方着手建立自己的社交圈，兴趣相同的人，会产生一种神奇的磁吸效应。

别让自己成为"职场丧尸"

与其为了赚钱投身在一份每日浑浑噩噩的工作中，自己感兴趣且充满想法的工作更能让自己开拓事业。

戴维是一名饭店服务生，在熙熙攘攘的店里忙碌了整整一天，累得精疲力竭。这时候，他的工作服上沾满了污渍，帽子也歪到了一边，双腿越来越疼，盛满食物的托盘在他的手中变得越来越沉重。戴维好不容易为一位带了好几个孩子的太太点完一张"啰里吧唆"的菜单，可那几个小孩却又嚷嚷着要更改饭后的甜点，戴维真想撒手不管了，他的兴趣原本就不在这上面，工作只是为了一份还算不错的薪资。养家糊口虽然不成问题，但他在工作中，从没享受过一丝一毫的乐趣及工作带来的成就感。

没做多久，他越来越累，工作表现也越来越糟，老板和他的顾客都不满意，他的小费收入尤其可怜，连别的员工的一半都拿不到，直至他被炒鱿鱼。他成为"无业游民"没多久，为了生存，他又找了个他不感兴趣、也没办法获得成就感的工作，后果可想而知……

其实任何一样工作长期做下来都会有低潮和瓶颈，找一份自己感兴趣的工作，不断地坚持，并在坚持的过程中，发现工作带来的成就感，才能为自己不断地积累正向能量，这也是拓展社交的关键一步。如果目前的工作内容你不喜欢，做得也很糟糕，那么就尽快找到你真正感兴趣的事业，并为之奋斗，积极正向的能量能让你和同期的伙伴组成正向磁场，进入这个磁场，成长的速度必是跳跃前进的。

不要浪费时间听人谈论是非，或忧心于职场的冷言冷语，开始布局自己有兴趣的事业或工作，你未来的格局一定与那些整日骂主管是猪头的人大不相同。现在就开始吧！

具有受挫力，人际关系更稳健

除了找到有兴趣的工作，或是从兴趣中去开创社交，你对工作的抗压性也是非常重要的，一旦选择了自己想做的工作就要认真投入，不要一遇到挫折就逃避，这样只会让自己原地踏步，更不可能建立任何社交。

现代的年轻人有梦想、有精力，他们的目标和理想都相当辉煌而且迷人。但他们当中的一些人却有个明显的弱点，遭遇挫折就想屈服，持续力和抗压力都明显不足。

有人说新一代的年轻人就像草莓，外表鲜亮，却受不了一丝外力侵袭，职场上的主管们更进一步用同样容易被"弄伤"，但外形不见得比较亮丽的"水蜜桃"来讥讽职场上的一部分年轻人。下面和大家分享一个故事。

某家报社招聘新员工，几经挑选，这家报社相中了一位自视甚高的新闻系毕业生。但跑新闻没几天，这位社会新人就因为主管对他所写的稿子有不同意见，还在他的稿子上写满修改的红字，他觉得颜面受损，自尊遭到严重打击，隔天辞呈一递便另谋高就去了。

修改稿子的主管事后一脸错愕，想到当年他刚跑新闻时，被丢到垃圾桶的稿子不知道是被登上报的几倍，狐疑不知是自己错了，还是时代真的变了。

换个角度想，草莓虽然无法承受一丝外力侵袭，但鲜亮的外表、芬芳的香气不也是她的优点吗？就算刚开始别人还无法看到你的努力，你也不该轻易放弃，而是要努力发挥自己的优点，充实自己，让别人对你刮目相看，不再说你是草莓族。

职场新人，必须建立好自己的"受挫力"，毕竟是工作，无法有太多的情分可谈；对公司而言，你的表现必须是称职的，所以如果你正遭到困境或责难，不妨这样想：工作既可以学到新的想法和东西，又有人支付自己学费，何乐而不为呢？为自己积累一定的工作经验，是每一个职场新人一定要熬过的第一关！

主动出击，
不要被动等待别人联络

建立人际网如同创造财富，
需要时间慢慢累积，不要光想不做，
要在一次次实践中、一次次失败中发现自己的种种"不可能"，
努力挖掘自我潜能，树立自己的优势。

有的人不喜欢主动联系朋友，总是等着朋友来找。即使在重要的日子，例如生日，也难得主动给朋友打个电话，表示一下问候。其实，这样的人是很难有朋友的。如果你在与人交往中，总是做个接受者，而鲜少主动付出，那么无论什么关系都会疏远你。做个有社交能力的现代女性，一定要主动地对人表示关心，才能成功地经营自己的人际关系，在与人交往上无往不利。

只有不做，没有不能

只要你生活在这个世界上，就一定不能避免与其他人相互往来。大家都知道"朋友多好办事"，虽然交朋友未必要有什么目的，但事实上确实是"多一个朋友多一条路"。人际关系的建立，刚开始或许只是双方相互交流、聊天而已，但是想要拥有长远的关系，应该是更稳固、更用心地经营。要如何才能建立良好又长久的人际关系呢？下面列举出了一些成功与人交往的技巧，供各位女性朋友参考。

积极与朋友保持联系

每个朋友都有他们认为对自己非常重要的日子，例如生日或是特别的节日，记住这些日子，虽然它们可能对你并不重要。在自己的记事本上做上不同的记号，当这个重要的日子来临时，打个电话给朋友，让你的朋友知道你是关心他的。

建立有力的人际关系核心

虽然朋友不少，但也要分清孰远孰近，选几个自认为能靠得住的朋友组成良好、稳固、有力的人际关系核心。首选的几个人可以是你的朋友、家庭成员和那些在你职业生涯中，彼此联系紧密的人。他们构成你的影响力内圈，因为他们能让你发挥所长，而且彼此都希望对方成功。这里不存在钩心斗角的威胁，他们不会在背后说你坏话，并且会从心底为你着想。

推销自己，为自己做公关

现在的职场男女共同竞争，女人更应该要懂得推销自己。与人头一次接触时，别人常常会问你是做什么的。如果你平淡似水地回答"我是计算机公司的职员"，你就会失去一个与对方交流的机会。你可以将回答延伸，例如："我在一家计算机公司负责软件开发工作，主要开发一些简单实用的软件程序。平时闲暇时，经常打打乒乓球、羽毛球，并且热爱写作。"这样的回答会让你在短短几秒钟内增色不少，也为对方提供了几个话题，说不定其中就有对方感兴趣的。

常想：我能为别人做什么？

"人不为己，天诛地灭"用在女性人际交往学里，可是一个行不太通的道理。交友是相互的，前面已经说过，要有良好的社交网络，不能只做一个接受者，也要适时地对朋友付出；因此，女性朋友应该时时提醒自己，要遵守关系网络的规则，就是"我能为别人做什么"，而不是"别人能为我做什么"。在回答别人的问题时，不妨再接着问一下："我能为你做些什么？"

要常出现在重要的场合

有人不喜欢热闹，越是人多的地方，越不愿意去，然而这对社交是非常不利的。多出席一些重要的场合，因为重要的场合可能会聚集不少同行的朋友，利用这个机会你可以进一步加深他人对自己的专业印象，还可以认识不少新朋友。

以最快的速度表达祝贺

遇到朋友升迁或者其他喜事，要记得在第一时间内赶去祝贺。同时，也让他们知道你个人的情况。如果不能亲自前往祝贺，也应该打个电话去表达自己的心意，让人感受到你的诚意。

及时帮助他人

朋友遇到困难时应及时安慰或帮助他们，当他们情绪面临低潮时，你也应该打电话去关心他们。你的关系网络中只要有谁遇到麻烦，你要做的就是立即与他通话，并主动提供帮助，这是表达支持及关心的最好方式。

坚持不懈勇于追梦，赢得崭新人际关系

每个人都曾经历过失败和挫折，但最终能够成功的，往往是那些没有沉沦下去，也没有掉进深渊之中，或是牢骚满腹、

钻牛角尖的人。因此时时告诉自己，==挫折只是一种磨炼，你不能轻易放弃，而应该强化并且持续你惊人的执行力，你才能够创建崭新的人际交往视野，开启另一段不一样的社交旅程，迎来人生又一轮充满生机与活力的朝阳==。失败的对面是什么？是沮丧？是绝望？这是失败者眼中的景象；成功者的眼中，失败的对面，既不是沮丧，也不是绝望，而是新的机会，新的成功。

美国名嘴琼·里弗斯（Joan Rivers）曾经说过她是如何经历过两次失业但终于奋起的经历：

"我记得很久以前我想从事演艺事业，那时人们告诉我说这是不可能的。

"1958年12月7日，我走进了波士顿的演艺酒吧，他们答应给我一份工作，每天晚上表演两场，酒店每周支付125元美金。我在对街的酒店订了房间，那是个非常肮脏可怕的地方，但我不在乎，因为那是我的第一份工作。

"在这之前，纽约所有的经纪人都将我拒之门外。后来我终于找到愿意同我一起工作，并且塑造演出形象的经纪人，他也愿意帮助我与演艺酒吧签约。直到那天，我的状况才真正好起来。但第一场演出结束后，经理将我叫到面前并对我说：'嘿，你被解雇了！'

"我非常生气。第一份工作就这样结束了！我回到对街破旧的酒店，瘫倒在床上，我几乎不停地哭泣。在浴室里淋浴时，我还在哭，脚上穿着袜子，站在肮脏的浴盆里，不知道自己的才能是否能改变现在的困境，但我知道自己决不会放弃。

"很快我找到了另一份工作，不久却又被解雇了，之前的经纪人也和我解约了，同时带走了他为我取的艺名。他说，我可以去做搞笑艺人，但这样的艺名不适合我。于是我又成了独自一人。

"我做了各种尝试，打电话给所有认识的人，几乎所有的人都在对我说不可能。我的母亲告诉我：'你没有任何天赋，你在浪费你的生命。'一个非常受欢迎的剧团代理人告诉我：'你年龄太大了，如果你想从事这项职业，你早就该开始的。'《今夜秀》节目的制作人对我说：'我们认为你不适合做电视节目。'他们的这些说法似乎有理，但我依然没有放弃。

"我为什么要强调我已经31岁了？因为31年来我一直听着人们对我说不行，但我终于还是赢来了自己的幸运彩票。即使在我最困难的时候，我也始终相信惊人的执行力是我最重要的财富。坚定不移是那么重要，就像天赋一样重要。"

琼·里弗斯从不怀疑自己是一位具有强劲竞争力的电视节目主持人，她从不怀疑自己的个性和语言风格，假如这家电视台不要她，她就换一家，总归会找到识才的伯乐。

最后，琼·里弗斯成为一位知名的电视节目主持人、演员和剧作家。她所主持的"脱口秀"赢得了艾美奖，作为客串嘉宾主持过《今夜秀》，还主持了娱乐电视台的《Fashion Police》节目。

能够拥有一份稳定满意的工作，是一种幸福，但如果今天的你没有那么幸运，一直在为寻找一份喜欢的工作而努力时，你也千万要坚持下去，不要轻言放弃。在追寻梦想的过程中，珍惜每一位帮助过你的人，与他们保持联系；同时也要谨记那些批评你的人对你说过的话，时时警醒自己。终有一天你能达成梦想，而一路上帮助过你的人，也会成为你合作共荣的黄金社交关系。

做好自己该做的，别管别人说什么

佩佩是公司新来的行政人员，不仅工作认真，对同事也都很热心，但是公司最近却传出有关她的闲言闲语，说她私底下巴结经理想加薪。其实她只是某天上班在便利商店买咖啡正巧遇到经理，便买了一杯请经理喝，没想到被同事撞见，就说她巴结经理，她非常生气想去和同事理论，但又怕破坏了职场关系。自此上下班遇到经理时，她反而躲躲闪闪不敢打招呼，生怕又传出奇怪的谣言，没想到这么做反而让经理觉得怪异，因而对她的印象大打折扣。

有个寓言故事，不知道你听过没？在一个天气炎热的日子里，一位父亲带着儿子和一头驴走在街道上。父亲骑在驴背上，孩子牵着驴。

"可怜的孩子，"一位过路人说，"瞧他的小短腿，怎能跟得上驴子的步伐呢？他父亲懒洋洋地骑在驴背上，让孩子吃力地走，怎么忍心啊！"

父亲听见了，赶快从驴背上跳下来，让儿子骑上去。

可是没走多远，又有一位过路人说："多丢人啊！这不肖子骑在驴背上，神气活现的，但他可怜的老父亲却在艰难地步行。"

这话深深刺伤了孩子的心，于是他请父亲也爬上驴背，坐在他后面。

又走了一段路，"你们见过这种事吗？"一个女人叫了起来，"多残忍啊！这可怜的驴，背都压弯了，但这老父亲和他儿子却悠闲自得地骑在上面，就像坐在软椅上似的，这可怜的驴子！"

父子俩成了人们攻击的箭靶。于是，两人二话不说，赶紧跳下驴背。

可是没走几步，有个家伙就嘲笑起他们："我的老天爷啊，还好我没这么愚蠢。为什么你们放着这头驴子不骑，却用脚走路，哪怕骑上一个人也好啊！"

最后，父子俩只好用竹竿抬着驴子走，必定又将惹来一场讥笑。

注意到了吗？"活着"有时候一直在"迁就"，迁就"他们怎么想"、迁就"他们怎么看"、迁就"他们怎么说"。

别再辛苦地迁就自己活在别人的嘴上，被他人舆论"牵"着走，这只会失去自己的"成就"。亲爱的，只要问心无愧，Be yourself！

用同理心
为自己的人际交往加分

人非圣贤，孰能无过，即使圣贤也常犯错。

当他人犯错时，将心比心，

站在对方的立场替他想一想，

即便指责得相当有理，对于受到指责的人而言，

说服也比责怪来得更有效。

温和劝告永远赢过正面冲突。

我们常说人是自私的，其实的确是如此。举例来说，你刚到一个新的职场环境时，如果出现不适应，通常你先想到的是：我能怎么改变？还是——为什么公司不能调整制度？主管应该听我的意见才对吧？那同事是猪头吗？这件事明明照我的方式做

比较好……相信很多人脑中应该都曾浮现出这样的念头。但是，很多时候大环境并无法因为一个人而改变，我们该学着将心比心，用同理心来看事情，思考事情，这样对人际交往也有加分的效果。

换位思考，得到对方认同

加拿大有位工程师叫普林斯特，他发现秘书常常把他口述的信件拼错词，几乎每一页总会错上两三个。那么他是如何让秘书改正这一错误的呢？他说：

"我有个维持了好几年的习惯，就是常常随身带着一本小笔记簿，上面记下了我常拼错的词。我虽然常常指正秘书所犯的错误，但她还是我行我素，一点也没有要改进的意思。我决定改变方式，等第二次又发现她拼错时，我坐到打字机旁，告诉她说：'这个词看起来似乎不对，也是我常拼错的许多词之一，幸好我随身带有这本笔记簿（我打开拼写本，翻到所要寻找的那页）。哦，就在这里！我现在对拼写十分注意，因为别人常常以此来评断我们，而且拼错词也显得我们不够专业。'

"我不知道后来她有没有采用我的方法。但很显然，自那次谈话之后，她就很少再拼错词了。"

普林斯特首先让自己与出错者站在同一个天平上，承认自己也常犯错，建立认同感，再进一步温和地告知对方错误，成功开启沟通大门。

在建立社交上也是如此，你要懂得将心比心，站在对方的立场思考事情，一旦获得对方的认同感与信任感，彼此之间的友好关系也在此时先打下良好基础了。

指责别人前，先检视自己

在解决一件事情之前，你最先想到的是"如何解决问题"还是"这是谁造成的错"？

许多人常犯的通病是很喜欢指责他人，一旦出现问题，他们首先想到的就是如何将责任推卸于人。还有些人，他们在某方面本来就做得不好，却非要拼命去批评别人，这样怎能以理服人呢？所以，当我们批评他人时，先想想自己："我做得怎样？是否应该完全怪罪他人？"这样你也许会完全改变自己的想法和行为，并与他人保持一种良好的人际关系。

父亲发现15岁的儿子偷学抽烟，他不愿意儿子步他的后尘，因此大发雷霆：先是就事论事讲道理，警告他抽烟的危险，再在言语上禁止儿子抽烟，否则不给他零用钱，截断他买烟的经济来源。效果产生了，儿子果然在爸爸面前从不抽烟，但在背后却拼命抽。

追根究底，孩子的父母都抽烟，他们一直在给儿子做不好的示范，又如何说服儿子戒烟呢！一家人为香烟所害，谁也戒不了。

如果无法有理地说服对方，受到指责的人只会表面改过，但在心底多少会埋怨那个指责他的人。同理心说服是引导别人有知错的觉醒，而斥责是命令式的压迫别人改错。于情于理，找出问题根源说服对方总是比较好的方式，指责只会造成更大的压力与冲突。

超然看待流言蜚语，人际交往更宽广

羽洁莫名其妙地被老板炒了鱿鱼。打听之后才知道是因为人际关系处理得不好，同事的批评，成为老板对羽洁的负面参考评价，而这一切也在同行中传开了，说她孤傲狂妄，专挑主管的毛病，流言中伤她生活不检点，和老板关系暧昧，因纠缠老板而被开除。

她坐在公园里的长椅上黯然神伤，觉得自己的生活失去了色彩，暗淡无光。这时她发现不远处有一个小男孩站在她的身后咯咯地笑，她就好奇地问小男孩："你笑什么呢？"

"这张长椅的椅背是早晨刚刚才用油漆刷过的，我想看看你站起来时，背后是什么样子。"小男孩说话时一脸得意的神情。

羽洁心头一震，猛然想道：昔日那些刻薄的同事不正和这小家伙一样躲在我的身后想窥探我的失意和落魄吗？我绝不能让他们的诡计得逞，我绝不能丢掉我的志气和尊严。不能因为这段挫折的过程，断送东山再起的机会。

羽洁想了想，指着前方对那个小男孩说："你看那里，那里有很多人在溜冰呢！"等小男孩发觉自己受骗，恼羞成怒地转过脸时，羽洁早已把外套脱了拿在手里，露出里面鹅黄色的毛线衣，使她看起来格外漂亮。小男孩甩甩手，嘟着嘴，失望地离开，羽洁心里已经重新整理好如何再次建立一段崭新的人际关系。

人言可畏，身在职场中尤其严重，我们必须学着以平静坦然的心境面对负面批评，对那些恶意攻击，自可视而不见，听而不闻。毕竟生命和事业都是需要自己经历、拼搏的，这才值得我们去在意。快点重建自信心，走自己的路，准备面对未来更加严峻的考验，至于流言蜚语，就让那些好论是非的人去说吧，你问心无愧！

做人带点弹性，
人际交往更有韧性

很多时候帮别人脱离窘境，

也是给自己一个台阶下。

此时，人们称赞的往往不是你的说话功力，

而是你的人品。

最重要的是，

这样无形之中也能为你的人际交往经营加分。

离开了家庭和学校，进入人际关系复杂的社会里，最重要的一件事，就是要先学会"做人"。人们常常认为"做人""经营关系"是负面的事；其实，关系就是人与人，或是人与物之间的关联，是与身边的人、事、物的一种联系。

现代女性，要懂得做人与经营关系的技巧，大可不必认为"做人"是不实际的、可耻的行为。会这样想的人，其实是不懂得处理人际关系的"单纯者"，会让自己成为社交中的孤岛。

学习墙头草的精神

所谓做人，就是要懂得进退得体的礼仪，遇到什么人该说什么话，遇到什么情况该做什么事，都必须有一定的规矩，才不会让自己的专业领域或成就，败在无形的障碍上。有人会误认为"做人"或是"经营关系"非常市侩，一听到某某人很会"做人"或是"经营关系"，总是带着贬抑的语气。事实上，"做人"或是"经营关系"，就是学习如何面对他人不同的思维与行为模式，进行良好的应对。如果大家都以自认为最直接而单纯的做法面对别人，势必会造成毫无章法、天下大乱的结果。

适当而圆滑的社交手腕，可以让你减少许多不必要的麻烦与困扰，当然也就不会让你在人际关系上灰头土脸。要想在复杂的社会上求生存，就必须在坚持自我原则的基础上，懂得应变的道理。善于变通，察言观色，伺机而动，许多成功者的成就都足以说明，不懂变通的人很难在事业上取得成就。

有句俗语说："识时务者为俊杰。"一提到察言观色，大家很容易联想到墙头草，迎风无力，任意东西，左右摇摆不定，风吹到哪里，便倒向哪里。当然，很多人都喜欢迎风挺立的傲松，认为没有定性的小草不好。也就是说，大家都认同的一个做人原则是：做人应该有骨气。

没错，为人处世缺不得骨气，但是，这里所说的"经营关系""掌握人际交往"，绝非是要人们学墙头之草，随风任意摇摆，事物总是具有两种不同的面向，任何事物都有长处，也都有短处。正如孔子所说："择其善者而从之，其不善者而改之。"这才是经营关系所要做的。

墙头之草固然是左右摇摆，但这也不失为一种求生存之道。试想，几尺高墙之上，生有一草已属不易。寸土之上，瓦砾之间，独出新芽，生长于天地之间，岂非奇事？墙头草自知势单力薄，便避免与强风分庭抗礼。相风而动，因风而摇，都说是它错了，但它却能保存自己，挺立于墙头之上。

海中礁石因是傲然挺立，敢与海浪争锋。白浪滔天，礁石却迎风顶浪，屹然不动，终落得千沟万壑，伤痕累累。因此，我们不能说墙头草就无可取之处，墙头草随风倒正是为了求生存。如果你连自身的社交圈都没了，还谈什么宏伟的理想、远大的志向，还创什么宏图大业呢？

适时"打圆场",化解尴尬赢得人缘

你有没有这样的经验:当你偶然地陷入了一种窘境,在场的人都望着你,你一下子又找不出解决办法,那个时候只留下满场尴尬。

许多人在陌生人面前常表现得不知所措,这是在人际交往上的障碍之一。记住一些小技巧,将能够顺利化解这场尴尬。

在滑铁卢战役中大败拿破仑的英国将军凯旋伦敦时,英国举办了一个相当隆重而盛大的庆祝宴会,不仅所有的士兵都参加了,而且还有许多政商名流和各阶层的人士。

晚宴开始,宾客就座,每人座位前有一碗清水。这时候,竟有一位士兵端起清水喝了起来,所有的贵宾都窃笑不已,这个士兵不知自己为什么会被人取笑,整个脸都涨红了。

其实这碗清水是餐前洗手用的,士兵不懂得这一礼节,才闹出了笑话。

这时,将军端起清水说:"各位,这位英勇的士兵在战争中曾被围困在荒山,7天没喝到水。让我们用这碗清水来敬他一杯!"

宾客一听这话,不由得对那名士兵肃然起敬,士兵才从紧张的气氛中缓过来。

遇到窘境时,大多数人往往因为反应不及容易愣在原地,但如果能够像故事中的将军，懂得机警地发挥临场反应，就不仅能够巧妙地化解对方的尴尬，还因此替自己赢得了许多朋友。所以，怎样为别人打圆场也是一门十分有用的社交技巧。

懂得装傻，方能全身而退

"仙人打鼓有时错，脚步踏错谁人无。"在与人交往中偶尔说错话的情形难免发生，但失言往往是许多人际交往经营的大禁忌。失言难免，但如何挽回失言，在社交中是相当重要且必要的处世智慧。

课堂上，一位实习老师在黑板上刚写了几个字，学生中突然有人大叫起来："老师你的字好好看噢，比我们李老师的字还好看耶！"

真是语惊四座，稚气的学生哪能想道：此时后座的班主任李老师该多么尴尬！对这位实习生来说，初入职场，就碰到这般让人难堪的场面，的确使人头疼，以后怎样与这位班主任共事呢？怎么办？

这位年轻的实习老师转过身来，对着几十名学生和听课的老师谦虚了几句，"没有啦！我的字还好，书法家的字才好看呢！"

此语一出，大家嘴上虽没说什么，但其他老师暗暗指责他的鲁莽，而李老师则倍感尴尬。课虽然还在继续，但是老师们对这位实习老师的人品和工作表现也在心里默默地扣了分。

实际上这位实习老师本来可以装作什么也没听见，斥责学生，叫学生安安静静看课文，不要大声喧哗。

巧妙地运用"装作不知道"的技巧，避实就虚，避开"称赞"这一实体，装作没有听清楚，而攻击"喧闹"这一虚像。即巧妙地告诉那位班主任"我什么都没有听到"。

装傻看似简单，但如何做得不留痕迹又给对方台阶下，是社交中很重要的一环。为人正直，有话直说很好，但在与人交往时，试着让自己装傻一下，无须事事响应，句句属实，给对方留点退路，自己的人际交往版图才能更宽广。

讲信用，
贵人会自己靠过来

在人际交往当中，

真正伤害别人的往往不是刀子，

而是比刀子更厉害的东西——信用。

这是金钱无法买来的，

如果为了蝇头小利而背信弃义，

所损失的将永远无法弥补。

讲信用在建立人际交往上是大有帮助的，因为他对于自己所说的每一句话都会负责任，如果无法做到，他不会轻易承诺，他知道这代表着别人对他的第一印象，一提起他就联想到的事，倘若不好好经营，信口开河，苦心经营的人际交往可能就会毁于一旦。

贪图近利，只会失去更多

叶叶是公司的新业务员，面试时她冲劲十足，对主管信誓旦旦地保证业绩没问题，包在她身上。工作不到一个月，同事们都发现，她是个信口开河的人，为了达到业绩，不仅对同事扯谎，对厂商也乱打包票，明明产品要3个月才能交，她硬是告诉对方2个月没问题。厂商觉得价格和市场价一样，供货还比较快，都纷纷选择与她签约，这就苦了后面协助的同事。

一开始她总是说是厂商要求赶着出货，请大家帮忙，领到业绩奖金一定请大家吃饭。大家都很配合地尽量帮忙，但常常要加班，时间一久，大家都感到吃不消。后来有人辗转得知原来是叶叶自己向厂商夸下海口，于是都决定不再帮助她，最终事情败露，叶叶被公司开除了。

有些人常常自作聪明，以为只要不择手段，贪小便宜就能获得利益。实际上这样的行为所付出的代价是惨重的。因为，他们丢失了最宝贵的人格和尊严。

人际交往大忌：贪小便宜

　　丽美负责筹备公司一年一度的员工旅游，照惯例需要和旅行社洽谈细节。比价多家之后，丽美选定了一家旅行社，说是物美价廉，不仅行程丰富，旅途中还吃得好，住得好，大家听后都表示很开心。

　　到了旅行这天，全公司员工在机场苦等许久，却始终不见领队出现。丽美拼命地打电话催促，对方表示在路上快到了，最后在险些赶不上飞机的情况下惊险登机。大家虽有微词，但毕竟顺利登上飞机了，也就不想多做计较。没想到问题接踵而至，先是航空公司没有替吃素的同事准备飞机餐，只好以素泡面顶替，有带儿童搭机的员工明明事先已经告知要坐前排的位子，空乘却表示没有接到通知，加上座位都已售出，现场无法再做调整，一连串的乌龙事件让大家的情绪越来越差，一路臭着脸到了目的地。

　　进入酒店办理入住登记时发现，有些人的房间竟然已经有其他人的行李放在里面了，要求禁烟的房间却充满烟味。丽美一边协调，一边不断数落领队。好不容易一切终于搞定，大家也已饥肠辘辘，抵达餐厅准备用餐时，再次发生餐厅没有准备素食同事的餐点，也没有准备儿童椅；此外一桌10个人，但餐点分量少得可怜，根本吃不饱，后来在沟通之后，多付了一些费用餐厅才加菜。

之后五天四夜的旅程中,乌龙事件依然层出不穷,大家对这次员工旅行抱怨连连。事后开会检讨时,丽美把所有责任都推到旅行社身上,于是公司决定要扣旅行社部分款项。就在会计核账之际,察觉账目不太对劲,仔细查证之后才发现,原来丽美从中收取回扣,旅行社在获利极少的情况下,只好采用经验不足、收费便宜的兼职领队,也因此导致旅程中诸多环节出现沟通不良的问题。

最后,丽美被公司辞退了,她收取回扣的负面消息也悄悄传开,据说没有公司敢录用她。

千万别因为一时的近利而迷失方向,坚守你的信用,不贪小便宜,不违背良心,这样的人才能够获得别人信赖,别人才愿意长久与你合作,建立良好的互动关系。

诚实交易,获得更多利润

一名女士去百货公司购物,在入口处她看见有一堆鞋子,旁边的牌子上写道:"超级特价,只要一折即可带回家"。她拿起鞋子一看,原价70美元的漂亮鞋子只要7美元,这简直让人觉得不可思议。她试了试觉得皮质轻软,实在是完美无瑕,她非常高兴。

女士把鞋捧在胸前,喊导购员,导购员笑眯眯地走过来:"您好!您喜欢这双鞋?正好配您的红外套!"她伸出手说,"能不能再让我看一下。"

她把鞋交给导购员,不禁担心地问:"有什么问题吗?价钱不对吗?"

那位导购员回答说:"不!不!不用担心,我只是要确认一下是不是那两只鞋。嗯,确实是!"

"什么叫两只鞋,明明是一双啊!"女士迷惑不解地问。那位导购员说:"既然您这么中意,而且打算买了,我一定要把实情告诉您。"

导购员开始解释:"非常抱歉!我必须让您明白,它真的不是一双鞋,而是相同皮质,尺寸一样,款式也相同的两只鞋。虽然颜色几乎一样,但其实是有一点色差的,我们也不知道是以前卖错了,还是顾客弄错了,剩下的左右两只正好凑成一双。我们不能欺骗顾客,免得您回去以后,发现真相而后悔,责怪我们欺骗您,如果您现在知道了而放弃购买,可以再选别的鞋子!"这真挚的一席话,怎能不让人心动?何况色差很小,基本看不出来。她心里越想越觉得没什么问题,除了购买那"两只"鞋外,不知不觉又买了两双鞋。

时过几年，那双鞋仍是她的最爱。当朋友夸赞那双鞋时，她总是不厌其烦地诉说那个动人的故事。唯一的"后遗症"是每次她到纽约时，总要抽空到那家百货公司捧回几双鞋。

人以诚为本，诚信犹如一个魅力无穷的宝藏，源源不断地为"诚信者"累积更多的他人认可，人生也会因诚信获得更多财富。

真诚赞美他人，
个人形象提升

对人真诚适度地称赞，

可以瞬间提升他人对你的好感。

威廉·詹姆斯就说过：

"人性深处最大的欲望，莫过于受到外界的认可与赞扬。"

在人际交往中，

千万别吝啬你的"赞美"。

  赞美的话人人会说，但是如何发自内心，诚意动人，说到对方心坎里，不浮夸、不虚假，而且言之有物，才是一门厉害的功夫。与人相处时，赞美万万不可少，多看，多听，多观察，每个人必定有其值得赞赏之处。

赞美说得合宜，犹如锦上添花

有个孩子对一个问题一直想不通：为什么他的同学想考第一名，真的就考了第一名，而自己想考第一名却才考了全班第 21 名？

回家后他问道："妈妈，我是不是比别人笨？我觉得我和他一样听老师的话，一样认真地做作业，可是，为什么我总比他落后？"妈妈听了儿子的话后，她把儿子带到广阔无垠的大海边。

母亲和儿子坐在沙滩上，她指着前面对儿子说："你看那些在海边争食的鸟儿，当海浪打来的时候，小灰雀们总能迅速地起飞，它们拍打两三下翅膀就升入了天空；而海鸥总显得非常笨拙，它们从沙滩飞入天空总要很长时间，然而，真正能飞越大海、横过大洋的还是它们。"

儿子听完妈妈说的话后，歪着头想了好一会儿，脸上的愁容似乎少了一些。

妈妈接着又说："很多时候，不是我们表现不好，而是我们只看到了自己的缺点而忽视了自己的优点，就像你，或许学习能力不像别的同学那么快速，但你是个很有耐心的孩子，面对每一件事情都很投入并且专心一致，虽然可能进步的速度会比别人慢一些，但是基础打得更稳。所以你不需要担心是不是比别人笨，而该发挥你的优点，让自己越变越好。妈妈陪你一起努力，好吗？"

听到妈妈这番话，儿子脸上的愁容全不见了，取而代之的是一抹开心的微笑。

现在，这个孩子再也不担心自己的名次了，也再没有人追问他小学时成绩排第几名，因为他已经以全校第一名的成绩考入了自己理想中的大学。

这位母亲以她的机智开导了她的孩子，不只是空泛的安慰或浮夸的称赞，她用了隐喻的方式间接称赞孩子，让孩子真切地感受到自己的优点，这就是一种合宜的赞美。

赞美是建立社交时非常需要学习的一门功课，浮夸的称赞令人不舒服，虚假的称赞令人作呕，==唯有真诚并发自内心地赞美别人，才能真正地赢得人心。==

适度赞美，让彼此关系更靠近

蓁贞的工作室最近要改建，但因为经费有限加上时间紧迫，所以蓁贞的情绪显得有些急躁。在与工程师碰面讨论改建计划时，或许蓁贞浮躁的情绪感染了工程师，工程师讲话变得有点大声："李小姐，你这边不能这样改，这样师傅无法做的。""可是我就是想要这样的设计，难道不能请师傅帮忙吗？"蓁贞也大声地吼回去。

就在双方争执不下时，工程师的笔记本里突然滑落出一张设计图。

蓁贞顺手捡了起来，发现其中有一个概念和她现在要改建的某部分很接近，于是她立刻问工程师可否做成那样，她觉得这样的设计很棒。

工程师不好意思地回答："哦，这是我前一阵子刚画好的设计图，还在担心是否有欠缺之处，没想到你喜欢。"

蓁贞指着设计图说："我觉得你办公桌和书柜这里的设计非常符合我现在的需求，既不占空间，设计也很简单利落，我很喜欢。"

原本要爆发的争吵局面，气氛慢慢地缓和下来了。

蓁贞不好意思地摸着头说："抱歉！我刚才的情绪有点太急躁了，请您见谅！"

工程师也不好意思，表示自己刚刚的举止有失风度，请蓁贞别跟他计较。

最后改建计划圆满落幕，蓁贞非常喜欢她现在的新工作室，工程师也成了她的好朋友，一有案子就会介绍给她！

职场中，经常有需要与他人合作的情况，如果你懂得善用"赞美"这个秘密武器，双方的感情和友谊会在不知不觉中得到增进，而且会增加双方交往合作的积极性。尤其是初次合作，适度地赞美可以展现你的诚意，更能为合作关系润滑加分。

赞美过了头，反而自贬人格

中国历史上有一个臭名昭著的马屁精冯希乐，他是一个热衷于夸张拍马屁的人。

有一次，他去拜访一位县令，赞叹道："仁风所感，猛兽出境；昨日入县界，见虎狼相尾而去。"

刚夸过不久，就有村中老人来报告："昨夜大虫连食3人！"

县令很不高兴地责问冯希乐究竟是怎么回事，冯希乐面红耳赤地回答说："是必便道掠食。"

人们讥笑他马屁精不是个东西。

冯希乐夸张得脱离了实际情况，无视野兽吃人的本性，信口雌黄，说野兽已被县太爷的仁义教化所感动，所以离县而去，结果是自打嘴巴，这就是所谓的轻言取辱。

适度赞美为人际交往经营加分，但过度夸张的称赞，反而成为马屁精。

在礼节性的社交场合，过于肉麻的夸奖只会降低自身的人格。而恰如其分、实实在在的赞美则能打破僵局，促升自己的人际交往指数。

懂得尊重，才能发掘好人缘

理解并尊重他人，

在日常交际中是一项十分重要的做人原则。

尊重他人的人，同样会受到他人的尊重。

没有尊重的交往是无法持续下去的。

社交成功与否取决于你的态度。

只有相互尊重，才能相互认可。

我们都知道人际交往中以礼相待是对他人最基本的尊重，但是很多时候人们却容易以貌取人，连最基本的尊重——"礼貌"都没有。然而，有时候一句极其普通但充满关切的问候，却可能为你的生活打开一扇似乎不可能打开的大门。

待人有礼是最基本的尊重

那段日子,她的心情非常低落,因为自己和丈夫先后失业了,面试了好几份工作也毫无下文。

但她没放弃对生活的热情,还坚持天天晨练,每天早晨都到附近大学的操场去运动。在操场上她碰到了一位穿着很体面的老人,慢慢地踱着步子,悠然中透着一丝孤傲。

连着几个早上,她仔细地观察过老人,发现他总爱往人多的地方去,但都没人跟他打招呼,老人的脸上很明显地露出了失望的神态。

"一个孤独的老者。"她这样在心里断言。

那天,她看到老人走到几个打太极拳的人跟前,想搭讪几句,最终欲言又止。她便心生同情,主动上前,问了声:

"爷爷您好,来散步啊!"

老人的脸上立刻绽开了笑容,马上回答:"是啊,是啊,小姑娘你也来运动啊。"接着,老人像怕错过了什么似的,打开话匣子,熟人似的跟她倾诉起来。她耐心地听着,直到她说该走了,老人才不好意思地说:"明天再聊啊!"

看着老人欢天喜地的样子,她充满抑郁的心似乎也拂过一缕清爽的风。

第二天,她再去的时候,老人早已在那儿等她了。她很认真地听老人倾诉了对人生和社会的诸多看法，当她不经意地说出自己和丈夫都已失业，正在为找工作苦恼时，老人很轻松地说："小姑娘，别着急，我帮你找份好工作。"

她道了声谢谢，没指望老人帮忙，因为现在毕竟到处都是失业的人，找份勉强糊口的工作也很不容易。没想到，刚到家不一会儿，便接到镇上最有名的公司总裁打来的电话，说要帮她安排一份工作。

她半信半疑地去了，那位总裁热情地接见了她，让她任选一项自己喜欢的工作，每月底薪5万元。她很纳闷这样的好事怎么会降临到自己的头上，总裁便笑着说："我们家董事长说，一定要好好谢谢你，是你让他这几天心情特别舒畅……""可是我……"她想说自己其实并没为老人做什么，只不过是主动跟他打了招呼，听他倾诉了几次而已。但自己还是留在了总裁手下，不久因工作出色，升职加薪了。事情就这么简单：有时一句极其普通却充满关切的问候，却能为自己的生活打开一扇似乎不可能打开的大门。

勿将他人好意视为理所当然

在山上住着一户人家，平日辛勤地种田，生活还算过得去，只是如果有个额外的开销，经济就会变得很吃紧。

有一天，主人有一位很久以前认识的朋友，虽然很少见面，但是交情还算不错，千里迢迢地来访，让主人十分高兴，所以主人特别要妻子煮一些下酒好菜，两人高兴地谈论到天明。

谁知道，客人这么一住，就住了很长一段日子，而且似乎没有打道回府的意思。

妻子对丈夫说："你也想想办法啊！"

丈夫无奈地回答："他不走，我总不能请他自己离开吧！"

妻子说："不管你怎么做，反正已经没米下锅、没菜可吃了，你再不解决，我们3个人就一起饿死好了！"

越说越气愤的妻子，说完之后，就拂袖而去，留下不知如何是好的丈夫。

隔天，吃完饭后，主人陪着客人聊天，并看看窗外的景致，谈谈过往的回忆。这时候，主人忽然看到庭院的树上有一只鸟正在躲雨，而且这只鸟的体型非常大，是以前都没有见过的鸟类。于是，主人灵机一动，对着客人说："你远道而来，这几天我都没有准备什么丰盛的菜肴招待你，真是不好意思！"

"别这么说，我觉得一切都很好，你和嫂子款待周到，我吃得好、睡得好，感激不尽呢！"

"不，不，不，那是因为你不嫌弃呢！"

"快别这么说，有你们的照顾，我真的觉得十分舒适。"

"你看到窗外树上有一只鸟吗？"

"看到了，怎么啦？"

"我等一下准备拿斧头把树砍了，然后抓那只鸟来煮，晚上我们喝酒时，才有下酒菜呀，你觉得如何？"

客人想了半天，十分疑惑地问："当你砍树的时候，可能鸟儿早就飞掉了吧，你怎么抓它呢？"

主人悻悻然地看着完全不了解自己用心的客人，无力地回答："不会的，在这个人世间，还有更多不知人情世故的呆鸟，大树都已经倒了，还不知道要飞呢！"

生活中，我们常常会因不理解别人的处境，或别人不理解自己的处境而遭遇尴尬。为避免这样的场面，我们要多观察，多听弦外之音，理解别人，你才会获得尊重。

用心倾听对方的心意，别让自以为是的想法，曲解对方的真正心意。

了解他人才能赢得尊重

华-哲斯顿被公认为魔术师中的魔术师。40年间，他游走在世界各地，一再地创造惊喜，所有观众都被他神奇的表演深深吸引。据统计共有6000万人买票看过他的表演，而他赚了千百万美元的利润。

华-哲斯顿最后一次在百老汇登台的时候，卡耐基花了一个晚上待在他的化妆室里,想请华-哲斯顿先生告诉他成功的秘诀。华-哲斯顿告诉卡耐基,关于魔术手法的书已经有好几百本,而且有几十个人跟他懂得一样多,因此,他的成功并不是因为他的魔术手法与众不同。

但他有两样东西,其他人则没有。第一,他能在舞台上把他的个性显现出来。他是一个表演大师,了解人类天性。他的每一个手势、每一句话的语气、每一个眉毛上扬的动作,都事先很仔细地练习过,而他的动作也配合得分秒不差。第二,就是他十分理解并尊重观众。他告诉卡耐基,许多魔术师会看着观众在心底对自己说:"坐在底下的那些人是一群傻子、一群笨蛋,我可以把他们骗得团团转。"但华-哲斯顿的方式完全不同。他每次一走上台,就对自己说:"我很感激,因为这些人来看我表演。我要把我最高明的手法,表演给他们看。"

他说,他没有一次在走上台时,不是一再地对自己说:"我爱我的观众,我爱我的观众。"也正因为有了对观众的理解和尊重,才使得他的表演更具吸引力。

就像你站在镜子面前一样,你怒她也怒,你笑她也笑,人与人相处时,你尊重对方,对方自然尊重你,理解并尊重别人,才能累积良好人际关系并细水长流。

CHAPTER

03

管理好情绪，
就能管理好人生

May You be Beautiful and Free

女人与男人相较之下，大多比较情绪化，
但也是因为女性的情感比较丰沛，
看到感动的电影容易哭泣，吃到喜欢的美食感到开心，
看到不公正的事情容易生气……
不掩饰情感正是女性吸引人之处。
因此，我们更要好好管理个人情绪，
善用我们情绪的正能量来拓展人际，
进而开启成功的大门。

掌控个人情绪，
开创成功机会

职场中，情绪化的人很难有所成就，

不管你有多少专业知识与技能，

如果无法培养工作情商，

最后可能会变成什么都会做，

但却什么都没做的低生产者。

因此，懂得掌控个人情绪的女人，

更能善用社交开启成功的大门。

要在职场中获得成功的人际关系，女性除了要有宽阔的眼界，情绪管理也是非常重要的。许多成功女性的特征往往是有事业、有生活、有前途、有目标的。她们气质高雅，眼界宽阔，有更多的人生机会可以选择，也会获得更多的赚钱机会。

然而，这些成功的女性之所以能够拥有今日的成就，除了专业能力，她们必须顶着更多压力并付出比男性更多的努力，才能获得相应的职务。

最常听到的就是，在获得一个工作机会时，女性往往因为身份，在升迁、考核时却输给一个综合素质、能力不如她的男性。尤其女性常常被冠上"情绪化"这样的负面标签，对女性来说其实是非常不公平的。

女性尽管因为有知识、有能力，而能够追求高尚的事业并获得成功。但在日常生活中，仍免不了会有心理上、情绪上的低落与波动，这不仅与个人性格、生理周期、内分泌状态等诸多因素有关，而且非常容易受工作压力、事业发展、爱情状况和外界眼光等因素的影响，让女性倍感压力。那么，怎么成为一个快乐的职场女性呢？

理性处事，开启升迁机会

要成为一个快乐的职场女性，我们首先必须懂得管理自己的个人情绪，而不是被情绪主宰。以下分享几点经验：

第一，转换角色观念和行为模式，营造良好的心境。心理学家有一个说法："心境是被拉长的情绪。"它使人的其他一切体验和活动都留下明显的烙印。俗话说："人逢喜事精神爽。"良好的心境能使人有万事如意的感觉，遇到困难也能迎刃而解；消极的心境则使人消沉、厌烦，甚至思维迟钝。

聪明的你应该要自觉地培养和掌握自己的心境，保持快乐，这时你可以牢记心理学家的16字箴言："振奋精神，自得其乐，广泛爱好，乐于交友。"常为自己所拥有的而高兴，不为自己所没有的而忧虑，就是自得其乐的主要方法。培养多种闲暇时的嗜好，可以陶冶性情，增加乐趣。广泛交友更是保持心境快乐不可少的环节。

第二，只有健康女性才会拥有持久的快乐人生。什么是健康女性？目前尚无统一和明确的标准。但是按心理学分析，健康可从心理统计、心理症状和内心体验三方面去认识；按社会学解释，则以解决生活中所面临的实际问题的能力作为标准。凡是能正确理解自己的社会角色；正确理解自己所处的社会环境、有能力解决自己所面临的问题、有一定目标并为之努力的知识女性，一定是健康的女性。

第三，勇敢面对挫折，化批评为力量。遇到挫折或面对问题时，大多数的女性往往比较容易钻牛角尖，往坏处想，因而陷入负面情绪中，这时你要能够跳脱出当下的情绪氛围，用理性并客观的态度看待事情的始末，找出症结点，千万不可怨天尤人或是推托了事。尤其当批评声浪袭来时，你更不可退却，否则就像在向世人宣告"对，都是我的错！"却没有将问题解决。你要正面迎向批评，该承认的不逃避，该解决的就设法处理好，让其他人看到你以能力"理性处事"而不是情绪用事。

理智待人，累积潜在社交关系

现代许多职场女性，往往都要兼顾工作与家庭，工作上要面对上司、主管、同事、厂商、客户，家庭中要照顾先生、孩子、公婆等一家子，难免分身乏术。于是许多女性因此身心俱疲，一时情绪上来便失去理智，这是绝对要注意并且需要避免的，哪怕只有一次，都可能被冠上情绪管理差的标签，毕竟每个人都有自己的工作要做，的确没有负担他人负面情绪的空间。因此，女性保持理智处事是非常重要的。

佩琪是一家甜点店的师傅，负责制作点心与管理内场。春节前订单大增，大家忙得不可开交，偏偏这时候老板竟又接了一笔大订单，客户要订一百盒西点，并要求一定要在春节前送达。但内场当下的人力根本无法再处理这笔订单，佩琪只好把这情形告诉老板，请他务必回绝对方。没想到客户竟在网络上留言骂他们，说他们未依约定时间交货，毫无信用，要大家以后绝对不要订他们家的东西。佩琪知道后非常生气，想直接留言回骂，但冷静一想，网络上有太多不实流言，许多人都未仔细查证就照单全收，甚至分享，她如果再和对方进行口水战，只会让战火继续蔓延。冷静思考后，她决定亲自打电话给那位顾客，并将事情原委告诉他，让他了解，他们宁可提早拒绝失去一笔订单，也不要因为人手不够无法如期交货失信于顾客。或许顾客心中也理亏，在佩琪打完电话没有多久之后，负面留言就删除了。佩琪后来自己出来开店了，而当时投诉的那位顾客则成了佩琪店里的老客人，还介绍很多亲朋好友来消费，员工都笑称他是没有入股的股东呢！

理想不忘，初衷永记

　　一个女人迈向成熟的第一步是敢于承担责任。不论现在的你正处于哪个工作岗位，都要记得你刚进入职场的初衷与理想，不要羡慕别人的成就或薪资，因为你不知道他花了多少努力，与其羡慕别人的幸福，你更应该珍惜当下的生活，让自己拥有理想并努力去实现，在实现理想的过程中你才能学着成长并累积人际关系。说个小故事和各位分享。

　　一场突然而至的沙暴，让一位独自穿越大漠的旅行者迷失了方向，更可怕的是干粮和水已经用完。翻遍所有的衣袋，他只找到一个苹果。

　　"哦，我还有一个苹果。"他惊喜地喊道。他握着那个苹果，一步一个脚印地在大漠里寻找着出路。整整一个昼夜过去了，他仍未走出空旷的大漠，饥饿、干渴、疲惫却一起涌上来。望着茫茫无际的沙海，有好几次他都觉得自己快要支撑不下去了，可是看一眼手里的苹果，坚强的意志瞬间回归身体，他抿了抿干裂的嘴唇，便又增添了一些力量。

顶着炎炎烈日，他继续艰难地跋涉。已数不清跌倒过多少次，每一次他都拼命地爬起来，踉跄着一点点地往前移动，他在心中不停地默念着："我还有一个苹果，我还有一个苹果……" 3天后，他终于走出了大漠。

在生命的旅程中，我们常常会遭遇各种挫折和困难，身陷某些意想不到的困境。这时千万不要丧失意志，忘记了初衷与理想，只要心中的希望之灯不灭，努力寻找，总会找到帮助自己渡过难关的那一个"苹果"，握紧它，再大的风雨，再艰难的险途，你都能够用你的意志力拯救自己，穿越时空的磨炼，直至成功。

与小人和平共处，积聚更多贵人来

在生活中，我们会遇到形形色色的人，
相处中难免有出现意见相左的时候，
对方是明礼之人时往往可以沟通解决，
但另外有些人却会表面做一套，
私底下摆你一道。
对待这种人时，就不必再谦让，
而要善用计谋与其"斗争到底"。

在建立各式各样的人际关系过程中，我们必须要有心理准备，遇到的人不一定都是一段好关系的开始，有时不免会遇到难缠的小人，这时千万别和他们硬碰硬，因为他们可能会来阴招，台面上和你互称好姐妹，台面下却偷偷算计你，因此你绝对要冷静面对，发挥你的聪明才智，在不伤害自己的前提下，尽量大事化小，小事化无。

但是，该如何与这些难缠的人打交道呢？首先你要认清这些人的真面目，再依据他们的弱点将其各个击破。

虚情假意，阿谀奉承

相信大家应该都遇到过这种人，职场中最常见到的一种小人。他们看似没有杀伤力，却如蛀虫一般，慢慢侵蚀整个团体，很少有人能逃得过他们的利用；只要对他们有一点利用价值的人，就会成为他们奉承的对象。对于这种人的奉承我们称为"拍马屁"，功力高深者甚至能够说到人心深处，让人以为认识了一个知音。

但这只是最初的感觉，等认清楚他们之后你就会发现，他们除了那一张说得天花乱坠的嘴，工作能力几乎是零。但可怕的是，很多这样的人却能从一个普通职员一路升到重要职位。偏偏很多上司却吃这一套，以为他是个平易近人、兢兢业业的好经理；但作为他的员工或同事，往往苦劳归自己，功劳却都归他们，这种辛酸真的很无奈。因此，我们该如何对付这种小人得志的人呢？

攻防策略：知己知彼，反将一军

偷偷收集他们的情报，有了致命的证据时便将其一网打尽（如有明显违反公司规定的行为及事迹），而且要痛打落水狗。还有一种办法就是自己做一次"恶人"，让其与有利害冲突的另一个真正恶人相斗，让他们不知不觉中被杀了回马枪还不自知。

怨天尤人，千错万错都是别人的错

另一种难缠的小人，也是办公室的经典人物，他们不开口没事，一开口就是抱怨或不满。地铁太挤、办公桌不干净、网页更新慢、业绩不好等全都可以成为他们抱怨的内容。

在他们看来，自己似乎没有任何缺点，犯错的都是别人。他们用自己理想化的标准去看待生活中的现实，结果常常事与愿违。

还有的人是思考问题的想法过于狭隘偏颇，只考虑自己，不顾及其他人，凡是不合自己心意的，都一概予以否定。另一种人则是用放大镜甚至是显微镜看人，将别人微不足道的缺点放大。正如鲁迅先生曾经比喻的，一位老夫子用放大镜去看美人那嫩白的肌肤，结果却看到了皮肤上的皱纹和皱纹间的污泥。那么试想，如果用显微镜继续观察，岂不是骇人的细菌布满全身了吗！

攻防策略：充耳不闻，敬而远之

若想与这种人和平共处，你必须学着"左耳进，右耳出"，并且不发表任何言论，以免他们顺着你的意见又开始发表长篇大论。若你无法做到，就尽量对他们敬而远之吧，因为他们看待事物消极又负面的心态，是很容易影响团体成员与整个企业发展的。

嫉贤妒能，不求上进

聚会上，同学小芳聊到近况，说因为遭受同事排挤，从原本做得很不错的公司辞职了。"我现在看见40岁左右的女人就害怕。她们实在太有手腕了！"小芳心有余悸地说道。其实，小芳和那个女人虽然在同一个部门，但彼此之间没有太多的利益冲突，工作上也牵涉不多。只是，从进公司上班的第一天起，小芳就犯了一个致命的"错误"：年轻美貌，工作出色。

相比之下，那个女人就黯然失色了，因为她美貌渐失，工作能力也平庸。于是她暗中挑拨，故意为难。幸好小芳的业绩受到大家肯定，那女人的伎俩没能产生多大效果。

直到那个女人和部门主管一起去境外出差回来后，形势忽然转变了。主管也开始为难小芳，对她吹毛求疵。没有人知道在出差的那数十天里，那个女人使了什么样的手段收买了主管，不堪其苦的小芳只好悻然离开。

攻防策略：见招拆招，不轻易退缩

职场中经常可见这样的情况，在一个工作团体中忽然来了几个新人，这时通常会出现两种反应，比较资深的员工，上进者会更加努力，产生良性竞争；反之，像小芳遇到的恶性竞争者，便会选择用暗箭偷袭小芳。当我们遇到这种情况时不应该轻易地"举白旗"离开，但也不要和对方硬碰硬，而要善用自己的情绪管理，试着与对方化敌为友，凭自己的能力胜出。

职场中嫉妒他人的小人非常多，千万不要轻易退缩选择离职，因为你在其他工作中也可能会再遇到这样的人，与其退缩，不如相信自己的能力，设法在工作表现中不断超越他们，让他们知道你不是那么容易就认输的人，直到他们知难而退。

用情和义，
奠定你的事业版图

生命恰似一条不停流淌的河流，
我们不可能两次踏入同一条河，一路顺流而下。
无论得意还是失意，好运还是噩运，
任何人在这条路上皆会收获丰厚……
在人生的洪流当中，女人需要背负更多的任务，
家庭与事业方面，都需要我们随时做好准备，
为自己做准备，也为身边的人做准备。

身为一个女人，懂得表达自己的情感是很重要的，过度压抑，或是无法清楚表达心中的感受，也就无法成就自己。一个缺乏情感表达的女性，肯定不能轻松应对职场上的人事关系，

更不会建立良好的职场社交。生活中我们最常发生以下6种情感，如果你能够良好掌握并清楚表达，将有助于你的职场人际关系建立与延续，并帮助你事业更成功。

发挥女人天性，用感情替社交加温

在职场中，女人比男人要面对更大的压力，这时候若懂得善用女人母性的天性，对待同事或员工如同家人或朋友，将能替你的社交加温。

亲情：对待员工像家人，团队更有凝聚力

工作团队是由不同的人所组成，在一起工作久了难免会有意见分歧。因为每个人的个性不一样，必定存在着各种矛盾，但是每个人的一些基本需要是一样的。比如说，员工希望彼此之间能有像妹妹对他（她）的尊重，像姐姐对他（她）的理解，以及像母亲对他（她）的关怀。此时女主管自然流露的亲情，能够营造团队和谐的气氛和培养人性化的工作环境，团队成员之间的交流、沟通、接受与包容就会变得更平和、更理性、更真实。

友情：倾听员工心情，做他们的好朋友

在竞争激烈的职场上，企业对外没有永远的敌人，也没有永远的朋友；对内，团队中的每个成员有对友情的渴求。如果夫妻是双职工，情侣都是上班族，那么他们每个人每天花在工作上与团队同事共处的时间，一定比陪伴丈夫、妻子或情人的时间更多。工作之余，谈家事、聊孩子、谈爱情的时间都不够，哪有时间发展友情？

不管男人或女人，都不能没有朋友，没有人际关系。女主管一般比较平易近人、细心体贴，当员工遇到了困难或烦恼，想找一个"可靠"而又不具有"攻击性"和"杀伤力"的人说说心里话的时候，女主管是比男主管更合适的对象，所以往往女主管同时是员工的好朋友，这种友情是历久弥新，值得双方珍惜的。

恩情：知恩图报，把爱传出去

几乎每一个成功的人都有知遇之恩的故事和伯乐识马的奇遇。东方人说"有贵人相助"，西方人说"有天使飞到了肩膀上"，意思都是得到了恩赐与协助。这往往是在事业的路途上，由于"恩人"的出现，而使原本不好的情况柳暗花明，绝处逢生。也许你所受的只是滴水之恩，可是，他当时为你所做的对你而言，也许像久旱逢甘霖般珍贵。

"感恩"与"忘恩"只有一字之差。我们感激铭记一段恩情的对象，也许不是一个人，而是一个机遇、一个团体或是整个社会。所以企业反馈社会是恩情的回报，恩情的再播种，而女性一直被认为是生生不息、薪火相传的使者。

温柔但不软弱，热情但不滥情

许多人常用"柔情似水"形容女人，大文豪曹雪芹则借着贾宝玉的嘴道出了"女人是水做的"。这意味着女人如水一般的可塑性高，不轻易被外界定型，因此，女人们更应该善用"水做的"这个特性，让自己在职场上更游刃有余。

柔情：刚柔并济，事业左右逢源

在职场生态中，虽不断追求男女平等，但其实男女还是有大大的不同：男人追求的是轰轰烈烈地冲刺，在意的是如何用自己的力量改变外在的环境使之适应他们；女人希望的是平平淡淡地水到渠成，在意的则是如何用外在的动力改变自己的条件，以便能适应环境。最终只要达到目标，胜利是一样的辉煌。

柔情之于女性而言是一种武器，它让女人身段更柔软，待人处事更有张力。许多经济学家也提出，当前是一个关系经济和感情经济的年代，刚柔并济的女企业家与男人相比，更有条件在社交与事业上左右逢源。

热情：点燃员工热情，激发员工潜能

如果我们说一个男人"热情洋溢"，不一定是指他外表给人的感觉，而可能是他的谈吐；而形容女人呢？就是里外一致的热情洋溢了，也就是说女人天性具有热情。常听到人说"疯婆子"，可是很少听人说"疯爷子"。不难得知，要疯也是需要有热情的。

世界上许多伟大的成就，最原始的动力正是来自热情，热情的驱动力往往是来自好奇，而企业的发展，正需要有热情的领导者。所以女性应该好好发挥自己的热情天性，让你的团队感染到你的热情，进而充满活力和创造力；只有"热情洋溢"的领导者才能刺激团队在最困难的时候，点燃深埋在员工内心的热情，激发员工的潜能，走出低谷，克服困难。

不离不弃，锁定目标勇往直前

真情：待人处事用真心，成功自然找上你

当你认定一个目标后，以坚强的耐力、不懈努力、执着坚持，始终如一地投入，即使遇到挫败也不气馁，即使受人质疑也不妥协，即使海枯石烂也不变心——那就是真情。

真情不能带来一帆风顺，真情不能赶走失败坎坷，真情换

来的是每晚入睡前的微笑，因为你没有背叛他人，没有欺骗自己。只有怀着真情，不断进取追求，自信自强的人才可能成功。丘吉尔在自己几乎溃不成军时说了一句话："永不放弃！"他当时靠的是什么？就是一股"真情"，也就是"不离不弃"有毅力、有真情的人不管是在待人处事还是工作职场上，都较容易有成功的机会，因为他自然而然地散发出坚定迷人的气质。

耍点小心机，别让他人轻易看透你

如果你是领导者，
想要实现自己的某些目的和计划，
有时就必须懂得掩饰自己，
使自己的心机不被识破。
处于各种利益、各种矛盾的焦点上，
如何借用人际关系打造自己的成功，
你一定要学会本篇中传授的秘诀。

无论任何人，只要在社会上工作过一段时间，便多少练就些察言观色的本事。如果你是一个把自己的一切情绪都毫无保留地展示给员工的主管，就可能有这样的员工，他们会根据你的喜怒哀乐来调整与你相处的方式，并进而顺着你的喜怒哀乐来为自己谋取利益，你也会在不知不觉中，意志受到别人的掌控。如果你的喜怒哀乐表达失当，有时候会招来无端之祸。因此，高明的领导者或是聪明的员工一般都不随便表现出自己的情绪，以免被人识破弱点，给人可乘之机。越是精于领导术的人，便越加内敛。

"内敛"其实可以解释为一种"距离感"。有些重要的问题、重要的决策，涉及关键的人事变动，对各种人的批判、利益关系的变动等敏感要害处，请你在职场上要深藏于心，深思熟虑，不要随便表露出来。以下几招可帮助你在复杂多变的职场生涯中，更为得心应手。

工作中要公私分明

人情关难过，这是每个主管都会遇到的问题，作为女主管更容易为这种事伤脑筋。在众多同事中难免会有几个比较熟络的同事，所以要做到照规定办事，公私分明，就非常不容易。一旦不按常规办事，厚此薄彼，那么公司的规章制度就难以服众，从而损害领导者的权威。所以涉及公事，一定要理智对待，不违背原则。

对事不对人，完成工作为首要

你要学会"对事不对人"，不必装作对每一个员工都一样喜欢。把精力集中在公司要完成的业务上，不要把精力分散到员工间的关系或他们的家庭私事上。

避谈私事，谨言慎行

不要过多谈论自己的私生活，以免造成误解。不要听信谣言，更不能捕风捉影，否则将影响公司内的人际关系，从而严重影响公司的业务。

要从多方面了解事情，以免做出错误判断

遇到员工犯错时，要深入了解事情的始末，并多方查证，千万不要凭既定印象做出不客观的决定，某些员工在你面前和在同事面前也许表现出来的是不同的形象，所以不能轻易做出判断，以免错怪人，造成员工心里埋怨或不满，这样对你或对公司都是不好的。

多与同级或更高阶的主管来往

处于主管阶层的你，虽然要和员工保持良好关系，但也要注意相处距离，不能和他们"打成一片"，否则难以在员工面前

塑造出自己的领导者风范。你应该多与同级或更高阶的朋友来往，以此扩大自己的社交，让工作更加顺利。

以身作则，让员工学习

要有条不紊地安排工作，召开会议要有充分准备，发言时要使用通俗易懂的语言，简明扼要地进行陈述。说话要大胆，不能吞吞吐吐，同时要注意不要让别人打断你的话。

说话有自信，不要手势太多

与人沟通时，说话切记要充满自信，清楚表达不退缩，不要靠过多的手势来阐明自己要表达的意思。

说话幽默，拉近人与人之间距离

工作严谨但不死板，与人接触时要保有幽默感，偶尔开个无伤大雅的小玩笑，或是自嘲一下，有利于缓解紧张气氛，也借此拉近自己和其他人的距离。

对男性下属应刚柔并济

作为一个成功的女性，面临着多方面的压力。除了因为性别歧视多数女性必须更加努力证明自己外，还面临着男性下属不愿意服从的困扰。作为女主管在与男性员工相处时有以下几点要特别注意：

说话铿锵有力，不要太过温柔

在对待男性员工时如果过分"温柔"，说话总是慢条斯理，他们会认为你缺乏领导者该有的干练，所以你不需要处处谦让，也没必要装出一副厉害的面孔，要学会刚柔并济。有时要让他们觉得你很重视他们的见解和经验，让他们感受到存在的重要性。

不要事事过问员工，自己判断做决定

你在征求意见时，自己心里要有明确的想法或是解决方案，员工意见只是辅助你了解更多细节，而不要让他们觉得你任何事情都要过问，反而令他们觉得你缺乏判断力，无法胜任主管职位。

服装高雅不过度暴露

要注意自己的服装和仪容，这是他人看到你的第一印象，工作岗位上尽量以高雅、干练风格的衣服为主，避免穿过分暴露的衣服。

举止端庄不轻浮

与男性接触时，既要讲究女性的大方，也要把握分寸，举手投足之间要注意仪态，太过夸张的动作，如勾肩搭背或搂腰等动作都要避免，不要让人对你有卖弄风情和举止轻浮的印象。

把理财当作一种
生活态度

相信大家一定都听过一句话"你不理财，财不理你"。
想要拥有没有负担的生活，
唯一的秘诀便是审慎打理手边所有的资源。
善用你的金钱，调整你的心情，
人缘、财源自然就会来。

一般人在理财方面最常见的错误观念，就是误以为必须先累积一定资产，才能开始理财。事实上，==理财是一种态度，日常生活的一分一毫，只要妥善运用，都可称为理财。==

所有的女性朋友马上就可以检视一下自己现在的状况，手边的信用卡有没有复利？有没有使用现金卡？有没有任何消费性的贷款？银行的固定存款是几位数？是"薪贫族"还是"月光族"？相信你一定可以马上算出自己目前的财务情况了。

管理财富，从小处开始做起

许多上班族常自嘲是靠死工资过日子，难道领固定薪水就无法存款吗？其实只要培养正确的理财观念，一样可以积少成多，储蓄自己心目中的一桶金。以下几点观念和各位分享。

每月收入扣除储蓄等于支出，绝非收入减支出等于储蓄

许多人最常犯的错误观念就是以为每个月一领到薪水，把该支出的都付完，想买的都买了，如果还有余额才存起来。这是非常不对的观念，这样不仅无法养成储蓄习惯，还可能造成负债。因此要设定自己每个月必须存下来的金额，剩下的才是自己可以花费的。

要养成记账习惯

这里所谓的记账不是记流水账。什么是流水账呢？就是将每天的花费逐一记下，却没有仔细了解或是归纳整合。

记账应该要预设每月开销，同上述所说，先扣除存款后，剩下的才是可以花费的。比如每月薪水 4 万元，假设你每个月

储蓄1万元，那记账时就要先扣除储蓄额，剩下的3万元才是这个月可以花费的。除每日记账外，也要时时检视剩余金额，快要花完时，就要开始节省。

此外，也要预设旅游基金，如拿出每个月薪水的五分之一，或是从每年年终奖拨出一部分来使用；还有紧急支出、保险费用等，这些都是一开始就要先规划好，而不是等到要用钱时，才东挪西移，动用不该动用的存款或是出现负债，那都是不正确的理财方式。

针对每月收入预作分配

对于自己每个月的固定开销，自己应该最清楚，因此在领到薪水之前，你就应该做好分配。比如一年保险费是两万元，那每个月就要先预存1700元，等时间一到，就可以直接支付。宁可多存，也不要少存甚至不存，因为这些都是早已经知道的固定开销，及早做好准备才可让自己避免负债与借钱的困扰。

想投资就要先学会理财

每个人都希望自己的财富越来越多，但光只是想是不够的，你必须懂得理财。一般人听到理财，第一个反应往往都是："理财！每个月的钱都不够用了，哪有多余的钱可以理。"你没听错，越是没钱就越需要理财。不论你是"低薪族"、"薪贫族"、"青贫族"、"月光族"还是"小资女"，不想再让自己每个月左手进，右手出，户头空空没积蓄，现在开始就必须理财，正视你的每一笔支出，做好薪资规划，小钱也能变大钱。

不是一定要投资才叫理财

很多人会说我没有钱怎么投资，不能投资又怎么理财。其实这样的观念是不对的，就像前面提到的，每个月固定地存下一笔钱或是养成记账习惯等，其实都是理财方式，所谓的理财都是从小处做起，唯有先一步一个脚印地累积自己的财富，才有可能迈向更巨额的投资，切勿想一步登天，如果连第一步都没跨出去，是永远不可能有金钱自主的一天。

要避免超过薪资的花费

刷卡现在变成一种很方便的消费方式，因为刷卡不需要支付现金，于是很容易造成过度消费，等收到账单时才叫苦连天却为时已晚。因此也要将刷卡金额列入记账中，最好可以预设提醒，比如超过薪资三分之一就要注意不可再刷，或者自己要时时检视记账本或记账软件，了解自己的消费情况，以免花费超过薪资，若又无法一次付清，就得面临可怕的复利了。

培养第二专长或做兼职

如果真的觉得薪水用得有点紧,但一时也不想换工作,你就要考虑培养自己的第二专长,让自己比别人拥有更多筹码。培养专长时,若还有时间,也可以考虑兼职赚外快,但切记不可影响到本业或是身体健康,否则丢了工作又伤了身体,就得不偿失了。

薪水不多,也要配置资产

不论今天你的薪水有多少,你都要清楚知道每一笔金钱的流向与支出目的,而不是盲目地乱花钱后,才抱怨薪水太少,其实钱越少,越要理财。

清楚知道自己存钱的目的

存钱很重要,而存钱的目的更要清楚明确,唯有目标明确,每个月才会有动力继续努力工作,继续存钱。我常见到很多人每个月缩衣节食,辛苦地存钱,但问他为了什么而存,他想了许久却答不出来。这种情况很容易会中断存钱,因为会觉得反正我存了那么多钱,也不知道要做什么用,不如痛快花掉吧,这样就枉费前面那么辛苦存钱了。

你必须仔细想想你每年的计划,比如你预计进行境内、境外旅游几次？你今年想要购置什么大件物品？孩子的教育费、全身健康检查的费用等，很多开销其实都不是小数目，对许多上班族来说，要一次性拿出来真的很困难，因此"设定目标"地储蓄便可以帮助自己积少成多，将每年的大目标拆散成数十个月的小目标，不仅容易达成，自己的负担也变轻了。

每一笔花费都要有计划

你知道自己每个月的必要开销是多少吗？请在 5 秒内回答。如果你顺利回答出来了，那恭喜你对自己的开销还是满清楚的。但如果你想了半天也答不出来，就要好好检视一下你是否有持续记账习惯，或者是否定时检视记账内容。

其实，很多人所谓的必要开销中，有很多都是不必要的，只是一时的欲望让自己失控了。我们必须分清楚"想要"与"必要"两者差异，如果只是想要，那是否需要急在一时，现在不买会有什么影响吗？如果不是"真正需要"的东西，但你真的很想买的话，可以把它预设成之后几个月的开销项目，先慢慢存钱，说不定到那时候你忽然发现，其实你已不需要那项物品了。

在经济许可范围内为自己买保险

人人都无法避免生老病死，尤其是老、病、死的阶段，这些阶段对一个人的经济影响尤其严重,与男性相比,女性必须面对的人生风险更多,除了必须承受工作压力、家庭压力可能对身心造成的影响,还有生育孩子可能产生的危险,因此,女人更要懂得为自己的生活保障做规划。尤其现在许多女性保持着独身主义,就更需要通过保险妥善规划自己的老年生活,照顾好自己,不要拖累他人。

  但保险不是购买金额越高或是买越多越好,我曾遇过一位女性将薪水的二分之一都花在保险上,庞大的保险费让她的生活质量都变差了。所以你应该要与保险专员妥善沟通,请他们依照你的经济状况以及年龄、单身或是有孩子等不同的生活形态,来推荐适合你的保险方案。

  虽然现代许多女性都很独立自主,在经济、生活、情感上都不需要依靠他人,但依然不能忽略为自己规划保险的权益,这么做不仅能够让自己及家人的未来多一份保障,还多一份安心。尽早开始考虑购买养老保险及足够的医疗险等,让自己在年老时依然有固定的收入来源,并且拥有保障是很重要的。

CHAPTER

04

交友不设限，
但真心好友要筛选

May You be Beautiful
and Free

———

俗语说："路遥知马力，日久见人心。"
"画虎画皮难画骨，知人知面不知心。"
忠诚的情谊并非表现在"朋友"的那张笑脸上，
它需要经得起严酷事实的考验。
虽说："以诚感人者，人亦诚而应。"
但这却是以人心里的一条底线为基准的。
那条底线的标准到底是什么？
各有各的原则，各有各的不同。

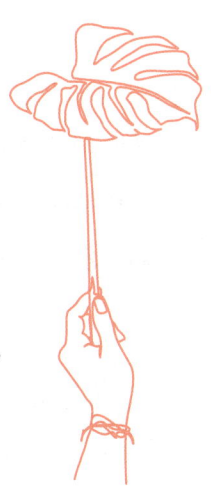

敞开心胸，
让眼界放得更远

具有独到眼光的女人不会被陈旧的经验和观念束缚，
她们敢于用智慧打破框架的限制，
看清事物的本质。
凭着这样的"眼光"去想象，
创新是制胜的法宝。

人的"身份"是一种"自我认同"，并没有什么不好，但如果"自我认同"变成一种"自我限制"，也就是说"因为我是这种人，所以我不能去做那种事"，那么自我认同越强的人，自我限制也越厉害，所以，千金小姐不愿意和女仆同桌吃饭，博士不愿意当基层业务员，高级主管不愿意主动去找基层职员，知识分子不愿意去做"不用头脑"的工作……他们认为,如果那样做,就有损他们的身份!但事实绝非如此。

放下身段,前途更广阔

汪教授是个古板的学者,上有老下有小,生活的压力并不小,当他所在的单位被裁掉之后,他所研究的领域不再被看好,生计便成了大问题。实际上,他有很多选择的余地,可以做编辑,当业务员……而且有很多人愿意雇用他,其中也包括他以前的学生。但一想到为自己的学生打工,汪教授无论如何也放不下学者的身段,他也不愿意从小编辑做起,家人、朋友怎么劝也没用。

为了那"自以为是的尊严"汪教授变得越来越不可理喻,无法相处,他的妻子因无法再忍受下去而带着孩子离开他,他的朋友也都被他得罪光了。结果他不得不靠社会福利救助维持自己和父母的基本生活,以至于最后精神崩溃,进了精神病医院。

生活中我们常遇到很多像汪教授这样的人,他们自视甚高,认为自己是金字塔顶端的精英分子,于是一旦遭遇困难,也不愿放下身段求助。其实这种"身份"只会让人生道路越走越狭窄。

相较于男人比较好面子,放不下身段,女性柔软的身段正是一种优势。在职场中，女人凭柔软的身段得以维系良好的人际关系；在家庭中，女人得以凝聚家人之间的向心力，对内对外都能帮助自己在经营社交时更得心应手。

能放下身段的女人，她们的思考富有高度的弹性，不会产生刻板的观念，能及时吸收各种信息，形成一个庞大而多样的信息库，这将成为她们闯荡"江湖"的资本。此外，她们能比别人更早一步抓住更多良机。因为她们没有"所谓的身份"的顾虑。毕竟，柔软的身段对贵人有绝佳的吸引力。

从不同角度看事情

一位父亲苦于自己的儿子已经15岁了，还没一点男子汉的气概。于是他去找得道的禅师，让他帮忙训练自己的儿子。

"你把他放在我这儿半年，我一定把他训练成真正的男人。"禅师说。

半年后，父亲来接儿子，禅师让他观看他的孩子和一个空手道教练进行的比赛。只见教练一出手，孩子就应声倒下，他站起来继续迎战，但马上又被打倒，他又站了起来……

就这样来来回回一共18次。

父亲觉得非常羞愧："真没想到，他居然这么不经打，一打就倒了。"

禅师说："你只看到表面的胜负，你有没有看到他倒下去又站起来的勇气和毅力？"

眼睛若被"势利的眼镜"遮蔽，看到的就是事物的表面，不准确的观念因此形成。

肤浅的心灵难以发现生命的真谛："==一开始倒下就能站起来的人固然让人欣赏，但能一次次地倒下，又重新站起来的人则更让人敬佩。==毕竟这世界上能一开始就站起来的幸运儿不多，许多人都经过无数次跌倒，才能最终站稳。"

改变心态，世界因你而转动

从前有一户人家的菜园里摆着一块大石头，宽度大约有 40 厘米，高度有 10 厘米。每个到菜园的人，不小心就会踢到这块大石头，不是跌倒就是擦伤。

儿子问："爸爸，为什么不把那块讨厌的石头搬走？"

爸爸这么回答："你说那块石头噢？从你爷爷时代，就一直放到现在了，它的体积那么大，不知道要挖到什么时候，与其无聊挖石头，不如走路小心一点，还可以训练你的反应能力。"

过了几年，这块大石头留到下一代，当时的儿子娶了媳妇，当了爸爸。

有一天媳妇气愤地说："老公，菜园那块大石头，我越看越不顺眼,改天请人搬走好了。"

老公回答说:"算了吧!那块大石头很重的,可以搬走的话在我小时候就搬走了,哪会让它留到现在啊?"

媳妇心里非常不是滋味,那块大石头不知道让她跌倒多少次了。

有一天早上,媳妇带着锄头和一桶水,将整桶水倒在大石头的四周。

十几分钟以后,媳妇用锄头把大石头四周的泥土搅松,挖除一侧的泥土,大石头很自然向这一侧滚动。那位被顽石困扰的父亲目瞪口呆。

聪明的媳妇没费多大力气就让家里发生了一次"大震动",也让家里有了一个很大的转变。

当你抱着下坡的想法爬山,便无心爬上山去。如果你的世界沉闷而绝望,那是因为你自己沉闷绝望。改变你的世界,必先改变你自己的心态,世界会因你而转动。

"男朋友""女朋友"都重要

不要害怕结交异性朋友，
拥有一些男性朋友，
不但能帮助女性跳脱既定的思维模式，
更可以从男性身上学到另一种宽大的胸襟，
这都是女性在职场建立人际交往时，
更需要增加的特质。

你是否曾在心中幻想遇上这样一个好朋友——他是一个成熟的男人，有一种兄长般的气度，你可以与他畅谈很多关于生命中的种种现象，但却永不涉及情爱，他会在人生路口为你指引方向，也会给你一些中肯的职场中的建议。

很多女性都表示，她们的异性朋友最突出的一点就是很尊重对方的隐私，不会把"无话不说，无所不谈"作为友情深厚的最高标准，不会让人倍感压力。可以很随意地谈心畅聊，谈论过去与未来，这样的交往会相当轻松与快乐，没有琐碎家事的干扰。如果只纠缠于家事之中，对女性来说，是一种恶性循环，也是一种压力。

情人还是朋友，界线务必清楚

女性交友处世有许多方式，刚柔并济是其中的一种。有时候当"爱情攻势"不小心来袭，但你又不想过早踏入"爱河"时，就可以灵活运用女性的"刚"与"柔"，适度地表达友谊，又不越过界线。

比如生活中，常会出现这样的事情：一个女孩性格开朗，热情大方，自然就有异性向她表示爱意。但这个女孩根本就没有那个意思，那么怎么做既可以拒绝对方又不会伤了与男性朋友的友谊呢？

最重要的是要面对现实。找个机会，开诚布公地表明自己拒绝他们的理由或苦衷，希望他们谅解，并渴望以后能友好相处。在这样的表白下，疯狂的追求者们一般会面对现实的。因为，男性通常对于得不到的东西，就越想得到，但是，一旦了解现实后，他们也多半能够接受。

不过，在与他们沟通时要特别注意以下几点：

1. 对所有男孩一视同仁，不厚此薄彼，这样才不会引起纠纷。

2. 态度坚定，不要说一些似是而非的话，如"让我再考虑考虑，我暂时不想谈恋爱"，这样模棱两可的说辞会给多情的男孩留下一线希望，所以请明确地拒绝他们。

3. 语言真诚温和，态度坚定不移。要用"柔软"的心灵、"温柔"的微笑、"柔性"的语言及"刚强"的自我意识，适时地传达自己的决心。

4. 适可而止，把握尺度。朋友毕竟不是恋人，与朋友交往言谈举止要有分寸。在正常的人际交往中，关心别人、互相帮助、温柔大方是女孩们习以为常的表现，但不要有过分亲昵的言语或动作（不论有意或无意），如甜蜜的话语、多情的眼神、超乎寻常的热情等。

5. 对男士们的亲昵举止要明确表态，及时制止，绝不拖泥带水。唯有态度明确，意志坚定，如此刚柔并济，才能与异性良好相处，同时避免不必要的困扰。

亲爱的请务必谨记，是异性朋友还是想认真交往的对象，你必须拿捏清楚分寸，千万不可暧昧不明，否则不但会影响你的形象，还可能招惹"烂桃花"。最好的解决方式就是：不喜欢对方就清楚明确地拒绝。

不图利，重道义，患难方能见真情

一个人不能没有朋友，

但交友也需要慎重。

不要被花言巧语的小人蒙骗，

如若不小心交到这样的朋友，

真正的朋友便会远去，

因为他们担心被你身边的小人算计。

许多人认为，要赢得他人的忠诚，最好的办法是给其恩惠。其实，这是对人性的误解，在现实中真正对你忠诚的，都是曾经给过你恩惠的人。酒肉之交不是朋友，患难才见真情。说个故事和各位分享。

知己不求多，一个半足矣

从前有一个年轻人，整天不务正业，结交了一群酒肉朋友。父亲劝他说："这些人只是贪图我们家里的财富和吃喝玩乐，不要和这些人来往。"年轻人不听，反而说："多个朋友多条路，有事的时候他们会帮忙的。"

于是父亲和他打赌，让年轻人约这些人来家里喝酒。在这些人到来之时儿子躲在屏风后，父亲出面慌张地对他们说："大事不好了，我儿子刚才出去买酒，与店老板争吵起来并杀了他，你们是他的朋友，帮助他逃走吧！"

这群狐朋狗友一听出了这么大的事，纷纷找借口跑掉了。父亲对满脸羞愧的儿子说："我的朋友很少，一生就交了'一个朋友'和'半个朋友'，你去见识一下。"

儿子纳闷不已。他的父亲就贴近他的耳朵交代一番，然后对他说："你照我说的去见我的这'一个半'朋友，朋友的要义你自然会懂得。"

儿子先去了他父亲说的"半个朋友"那里，对他说："我是某某的儿子，现在正被敌人追杀，情急之下投身你处，希望予以搭救！"这"半个朋友"听了，对眼前这个求救的朋友儿子说："孩子，这等大事我可救不了你，我这里给你足够的盘缠，你远走高飞快快逃命，我保证不会告发你……"

儿子明白了：在你患难时刻，那个能够明哲保身、不落井下石加害你的人，可称作你的"半个朋友"。

然后，儿子去了父亲认定的"一个朋友"那里，把同样的话说了一遍。这人一听，不假思索，立刻叫来自己的儿子，喝令儿子速速将衣服换下，穿到这个并不相识的求助者身上，而让自己的儿子穿上求助者的衣服。

儿子明白了：在你生死攸关的时候，那个能与你肝胆相照，甚至不惜割舍自己的亲生骨肉来搭救你的人，可以称作你的"一个朋友"。

交友要有分寸，择友要讲究缘分。交友重在相互帮助，相互砥砺，共同面对人生的磨难，交友不慎注定终生遗憾，看一看你周遭是些什么样的朋友呢？

诚信与道义，人生成功的秘密

人生道路上我们结识各式各样的人，虽然知音难寻，但如果能学习先做别人的朋友，你就会找到真正的友谊。一个有智慧的人，会先选择交往的对象，其后视情况决定交往的程度。因此，慎选朋友是非常重要的，重诚信的朋友带你迈向康庄大道，背信忘义的朋友带你下地狱。看看下面这个故事你就知道了。

一个鬼魂被判下地狱,他不服,他当然不服了:在阳间,他活得多好,健康、美貌、机敏、才学、金钱、荣誉……哪一样他没有,为什么偏偏死去了,却要受尽地狱的阴暗、潮湿、饥饿等折磨。于是,这个鬼魂找到上帝,要求去天堂。

上帝笑一笑问:"你有什么条件可以进入这极乐的天堂?"鬼魂于是把阳间他所拥有的统统说出来,带着炫耀的口气,反问:"所有这些,难道不足以使我去天堂吗?"说完眯起眼睛,似乎他已经到了天堂,正享受着天堂明亮的阳光照耀和上帝耶和华的抚摸。

"难道你不知道你没有'允许进入天堂'的最重要的一种东西吗?"上帝并不恼怒,他总以平和的心态对待世间万事万物。

鬼魂嘿嘿地笑着:"你已经看到了,我什么都有,我完全应该进入天堂。"

"你忘记你曾经抛弃了一种最重要的东西?"上帝面对这恬不知耻的鬼魂感到不耐烦,便直截了当地提醒他,"在人生渡口上,你抛弃了一个人生的背囊,是不是?"

鬼魂想起来了:年轻时,有一次乘船,不知过了多久,惊涛骇浪,小船险象环生,老船长让他抛弃一样东西。他左思右想,美貌、金钱、荣誉……他舍不得,最后,他抛弃了"诚信"。

鬼魂不服:"难道仅仅因为我抛弃了诚信,就被光明的天堂拒绝而要进入可怕的地狱吗？"

上帝变得很严肃："那么，之后你做了些什么？"

鬼魂回想着：那次他回家后，答应母亲要好好照顾她，答应妻子永远不背叛她，答应朋友要一起做一番事业。后来，后来……他回想着，自己在外有了情人；母亲劝告他，他对母亲再也不闻不问，他不允许母亲破坏他的"幸福"；他和朋友做生意，最后却私吞了朋友的那一份，并且把他送入了监牢……

上帝打断他，说："看到没有？没了诚信，你做了多少背信弃义的勾当。天堂是圣洁的，怎么能容纳你这卑鄙肮脏的鬼魂！"

鬼魂沉默了，他不是无所不有，而是一无所有，亲情、友情、爱情……统统随诚信而去。他，一个卑鄙肮脏的鬼魂，只能在无间地狱里轮转！

当你口若悬河却没有人相信时，当你急需帮助却求助无门时，当你山盟海誓别人却一笑了之时，你是否该检视一下自己是否遗失了什么？你只遗失了两个字，就让你失去了生活的全部。你抛弃它时漫不经心，你找回它却要千辛万苦，它就是"诚信"。去掉这两个字的两个言，发现什么了吗？人成功的秘密。

真心好友，付出不求回报

任何一种真诚而博大的爱都会在现实中得到应有的回报。付出你的爱，给别人力所能及的帮助，你的人生之路将一帆风顺。

一对待人极好的夫妇的生活突然陷入困顿，不过在朋友及街坊邻居们的帮助下，他们在市场里开起了一家火锅店。

刚开张的火锅店生意冷清，全靠朋友和街坊照顾才得以维持。但不到3个月，夫妇俩便以待人热忱、价格公道而赢得了大批的"老顾客"，生意也一天一天地好起来。

每到吃饭的时间，小城里行乞的七八个乞丐，都会成群结队地到他们的火锅店来行乞。

夫妇俩总是以宽容平和的态度对待这些乞丐，从不呵斥辱骂。其他店主，则对这些乞丐面露鄙弃，一副讨厌至极的表情。而这夫妇俩每次都会笑呵呵地给这些在别人看来肮脏邋遢、令人厌恶的乞丐们盛满热饭热菜，最让人感动的是夫妇俩施舍给乞丐们的饭菜，都是从厨房里盛来的新鲜饭菜，并不是顾客用过的残汤剩饭。他们给乞丐盛饭时，表情和神态十分自然，仿佛他们所做的这一切原本就是应该做的。

日子就这样一天一天地过着，一天深夜，市场里突然燃起了大火，火势很快便向火锅店蹿来。

这一天，恰巧丈夫去外地进货，店里只留下女主人照看。一无力气二无帮手的女店主，眼看辛苦张罗起来的火锅店就要被熊熊大火吞没，万分着急之时，只见那些平常天天上门乞讨的乞丐，不知从哪里钻了出来，在老乞丐的率领下，冒着生命危险将一个个笨重的煤气罐搬运到了安全地段。紧接着，他们又冲进马上要被大火包围的店内，将那些易燃物品也全都搬了出来。消防车很快开来了，火锅店由于抢救及时，虽然遭受了部分损失，但最终给保住了。而周围的那些店铺，却因为得不到及时的救助，货物早已被烧得精光。

夫妻俩对乞丐们无私的帮助得到了他们最真诚的回报。

生活中我们常见到一种人，一旦对他人有付出总是"谨记在心"甚至"时时提醒"，唯恐对方忘了他的付出。然而真正的好友不该是如此，他们总是在我们需要帮助时，不吝啬地给予帮助并且不求回报，但在自己需要帮助时却并不一定开口求助，因为生怕麻烦了自己的朋友。如果你也有这样的朋友，请务必好好珍惜他，适时地回报他对你的关怀，彼此互相关照，互相帮助，这样的社交关系才是弥足珍贵的。

付出真心不求回报，才能获得真友谊

一个人不能没有朋友，但交友要慎重，

不要被花言巧语的小人蒙骗。

真正的朋友像心中的月亮，

不论你去向何方，

总能把你的内心照亮，

使你在人生的旅途上斗志昂扬。

获得朋友的唯一方法是先学会做对方的朋友，友谊不会凭空掉下来，需要培养浇灌才会不断成长。

现代人强调以自我为中心，说好听一点是"独立自主"。但若拿捏不当过了火便是自私，因此要时时警惕不要一味地要求朋友配合自己，但也不能事事迁就朋友，而要互相沟通协调，互相改善，这样的友谊才能长久。

言而有信的朋友，值得深交

公元前 4 世纪，意大利的一个叫皮斯阿司的小伙子触犯了暴虐的国君犹奥尼索司，被判处绞刑。身为孝子的他请求回家与年迈的父母诀别，可始终得不到暴君的同意。就在这时，他的朋友达蒙愿暂代他服刑，并同意："皮斯阿司若不能如期赶回，我可替他临刑。"这样，暴君才勉强应允。

行刑之期临近，皮斯阿司却杳无踪迹，人们嘲笑达蒙，竟然傻到用生命来担保友情！当达蒙被带上绞刑架，人们都悄然观看这悲剧性的一幕时，突然远方出现了皮斯阿司，飞奔在暴雨中的他高喊："我回来了！"皮斯阿司热泪盈眶地拥抱达蒙做最后的诀别。这时，所有的人都在拭泪。国君出人意料地特赦了皮斯阿司，他说："我愿倾尽所有来结识这样的朋友。"

一个重诚信的朋友是非常值得深交的，因为他们不会背信于你，不会在你的背后捅刀子，然而这样的朋友可遇不可求。你可以广结朋友，但务必仔细慎选，遇到了值得你一辈子交往的好友，就请牢牢抓住他，因为他会是你社交关系中的贵人。

认清谁才是真正的朋友

1942年3月，希特勒下令搜捕所有的犹太人，68岁的犹太商人贾迪·波德默召集全家商量对策，最后想出一个迫不得已的办法，向德国的非犹太人求助，争取他们的保护。

办法定下来之后，接下来是选择求助的对象。两个儿子认为，应该向银行家金·奥尼尔求助，因为他一直把波德默家族视为他的恩人。在不同的场合，他也曾多次表示，如果有什么需要帮助的，尽管找他。波德默家族拥有潘沙森林的采伐权，在欧洲是数一数二的木材供应商。金·奥尼尔是一家银行的小股东，他在波德默家族的资助下发家，40年来，为了支持他打败竞争对手，波德默家族的钱，从来都没有存入其他银行，即使到1942年，他的银行里还存有波德默家族的54万马克[1]。现在，波德默家族遭到了灭顶之灾，向他求助，他怎会袖手旁观？

68岁的老人却不是这种想法，老人认为应该向拉尔夫·本内特求助，他是一位木材商人，波德默家族的人是跟他打工起家的，后来经过他的资助，波德默才有了今天的家业。现在双方虽然很少往来，但自己心理上从没断绝过感激和思念。最后，

---

1 原德国货币单位，2002年7月1日起停止流通，被欧元取代。

老人说,"你们还是去求助拉尔夫·本内特先生吧!虽然我们欠他的很多"。

第二天一早,两个儿子出发了。在路上,二儿子说:"我们不能去本内特先生那儿,上次我见他时,他还提那 700 吨木材欠款的事。要去,你去吧!我要去求奥尼尔。"最后,二儿子去了银行家那儿,大儿子去了木材商的家。

波德默大儿子来访,木材商接待了他,并提及 700 吨木材的欠款问题。在商人的聊侃中,大儿子流着泪打断他,向他求助。木材商本内特思索片刻,说了他的建议,先找地方让大儿子藏身,深夜再把其家人秘密接来,现在,本内特要带上现金立即去大使馆办理几本护照,以便送他们出国。

当本内特去接波德默一家人的时候,发现已人去楼空,最后,不得不把波德默大儿子一人先送上旅途。

不是付出就能有所回报

那么波德默二儿子的命运如何呢?他杳无音信。

1948 年 7 月,一个叫艾森·波德默的人,辗转回到德国,去寻找他的家人,最后一无所获。后来,他从纳粹档案中查到这么一项记录:银行家金·奥尼尔来电,家中闯入一名年轻男子,疑是犹太人。一年后,他又于奥斯威辛集中营的死亡档案中，查到他父亲、母亲、妻子、弟媳及 6 个孩子的名字。他们是在他和弟弟分手当天被捕的。

1950 年 1 月，艾森·波德默定居美国；2003 年 12 月 4 日去世，终年 83 岁，留下一部回忆录、2 个儿子、3 个女儿和 9 个孙子、孙女。他的回忆录主要讲述他在木材商本内特的帮助之下，怎样偷渡到国外，保全性命的。

我们常以为对别人付出，别人理所当然就该回报我们，其实并非如此。有些自私的人并不会将他人的付出铭记在心，只是贪婪地接受，在对方还有利用价值之时说彼此是朋友，大难来临之时却跑得比谁都快。

在尔虞我诈的职场中，这样的人往往很多，所以你必须睁大双眼，打开内心，仔细观察，用心感受，谁才是值得你深交的朋友，谁又只做表面功夫。千万不要是非不分，一股脑儿对所有人付出，这样很容易会受到伤害。用正直、宽容的心待人，不要付出就想得到回报，这样是无法结交到真正的知心好友。

相信自己，
你就是最好的社交名片

很多时候女性需要具备更多的能力，
在工作或家庭方面成为别人的靠山与避风港，
不屈服的态度和精神，
这就是天生的力量。

当你面对困境时，除了朋友，你曾想过还有谁能够帮助你吗？

没错，就是你自己！你就是你自己的上帝；你的命运掌握在你自己手中。很多时候并不是别人把你打败了，而是你自己先打败了自己。

相信自己，别人才会相信你

某人在屋檐下躲雨，看见观音正撑伞走过。这人说："观音菩萨，普度一下众生吧，带我一段如何？"

观音说："我在雨里，你在檐下，而檐下无雨，你不需要我度。"这人立刻跳出檐下，站在雨中："现在我也在雨中了，该度我了吧？"观音说："你在雨中，我也在雨中，我不被淋，因为有伞；你被雨淋，因为无伞。所以不是我度自己，而是伞度我。你要想被度，不必找我，请自找伞去！"说完便走了。第二天，这人遇到了难事，便去寺庙里求观音。走进庙里，才发现观音像前也有一个人在参拜，那个人长得和观音一模一样。

这人问："你是观音吗？"那人答道："我正是观音。"这人又问："那你为何还拜自己？"

观音笑道："我也遇到了难事，但我知道，求人不如求己。"

在现实工作中，许多人都会说："我相信我自己，我是最棒的！"当我们在喊这些口号时，我们是否真的相信自己？我们会不会遇到一点困难就忘掉刚才所说的这句话呢？只有自己真的相信自己，才能让别人相信你。

困难当前，冷静机智最重要

农夫有一头驴子养了好多年，虽然驴子已经老了不能再替农夫工作，但因为彼此已经有了感情，农夫也不忍抛弃它，就继续养在家里后院。

某天驴子竟然掉到后院的枯井里，农夫尝试了好多方法都无法将驴子救出来，实在不知道怎么办才好。

于是，他只好请来左邻右舍帮忙，大家左思右想也无计可施，看到井中的驴子难过得一直叫，大家讨论后决定一起将井中的驴子埋了，免得驴子继续痛苦。农夫因不忍瞧见自己辛苦饲养的驴子死去，在一边偷偷哭泣。

农夫的邻居们人手一把铲子，开始将泥土铲进枯井中。当这头驴子了解到自己的处境时，刚开始叫得很凄惨。但出人意料的是，过了一会儿这头驴子竟安静下来了。

农夫好奇地探头往井底一看，眼前的情形令他大吃一惊：当铲进井里的泥土落在驴子的背部时，驴子将泥土抖落在一旁，然后站到铲进的泥土堆上面。

就这样，驴子将大家铲倒在它身上的泥土全数抖落在井底，然后再站上去。很快地，这只驴子便得意地上升到井口，然后在众人惊讶的表情中快步跑开了！这个农夫还不如他的驴子。

大自然的法则永远是优胜劣汰，没有经过困苦的磨砺，就不可能成为强者。我们在生活中所遭遇的种种困难挫折就是加在我们身上的"泥沙"。然而，鼓起勇气，把它们抖落到脚下，它们就变成了一块块的垫脚石，只要我们锲而不舍地将它们抖落掉，然后站上去，那么即使是掉落到最深的井里，我们也能安然地脱困。

建立与经营社交关系时，也不可能事事顺利，遭遇困难在所难免，这时更应该坚持下去，用你的聪慧与耐心设法找出解决办法，不要轻言放弃，因为不是你做不到，而是你不愿去做。学着将阻力化为助力，抖落身上的泥沙，利用它们让自己站得更高，看得更远。

脚踏实地累积财富与社交关系

明华有着大学本科学历，为了创业，辞去了稳定工作，面对没有资金的窘境，他与妻子一起去捡纸箱从资源回收做起，一点一点积累资金之后，又做起了回收旧计算机的生意，越做越好，现在的他在台北继续发展他的业务，成功实现了创业的第一步。

他说："捡纸箱、铝罐，可以说是起点低到了极限的工作。这让我心里有了承受力，假如我现在的生意做砸了，我也不怕，大不了再去捡破烂、收纸箱吧！照样能活。从另一个角度讲，我是从最低点起步的，每走一步，都是上升，都有成功的喜悦，假如将来做大了，也是一步步走过来的，走得稳当，走得踏实。其实，英雄不怕出身低，只要能不断地向上。什么都不做或不能做，那才最可怕呢！"

明华的旧计算机回收生意越做越大。"现在每天时间不够用，晚上 12 点前从不睡觉。如果我没有放弃原先的工作，苦恼的事还依然苦恼。可是现在，我完全可以按自己的方式，做每件想做的事！行动快，效率高。虽说起点低，但天天都有发展。这种快乐、充实、有希望的感觉非常好。"

不要幻想从天上凭空而来的成功，自己去经营才是真本领。不要觉得自己是大人物，眼中不起眼的人就不理会。脚踏实地从身边做起，积少才能成多。

想想金字塔为何屹立千年，而百层高楼却不堪一震，关键在最费时的根基堆砌，财富与人际关系的累积，不也如是吗？

CHAPTER

05

守护好家庭，
其他都会慢慢变好

*May You be Beautiful
and Free*

生活之所以多姿多彩，
是因为有许多陪伴在我们身旁的人，
请别轻看那些平凡普通的生活琐事，
家人、朋友、爱人……
我们大部分的人生感动常常来源于此，
用心感受这些人带给我们的感动，
体验生活周遭的人事物，
你会在其中获得意想不到的答案。

再忙也千万不能忽视家庭

漂泊异乡的游子缺乏的往往都是一种莫名的归宿感，
对家的眷恋和情意随时空变幻在逐步加深，
不管你漂泊多远，
请别忘记家就是你心灵永恒的归宿。
再忙也别忘了打个电话问候家人。

你有多久没和先生、孩子坐下来好好聊一聊或吃顿饭呢？所谓好好吃顿饭，是指一家人坐在餐桌上专心地聊天说话，专心地品尝饭菜，而不是大家一边看着手机或电视，一边有一搭没一搭地对话。

由于工作忙碌，家庭成员往往聚少离多，孩子可能很少有机会和父母说说话，夫妻两人也只可能在早上匆匆说几句话，交代一下家里的琐事便赶着出门。若再遇到加班，晚回家的那个人面对的只是空荡荡的客厅……长时间下来，一家人真正能够谈心和交流的时间其实少之又少。

沟通是凝聚一家人的核心力量，当大家愿意彼此分享，彼此倾听，一家人才能因为爱团结在一起。因此，==不管工作再忙，都不能忽视家人，唯有顾好家庭，你才能真正专心在工作上。==

用"沟通"开启家庭幸福之门

有位已婚 29 年的女主管，谈起她中年经历的一次婚姻危机，深为感慨。她说："婚姻的前 10 年，我满脑子想的只有工作、工作、再工作，一心只想获得公司认同，白天最早到公司，晚上最晚离开，就算假日也往往是在加班和出差。没有什么娱乐，也没有多少兴趣爱好，最大的爱好是抽烟、喝酒，这些活动也几乎都是和同事、朋友在一起，和家人的相处时间少之又少。

"在那些年里，我回家吃晚饭的次数越来越少，加上许多推不掉的应酬，我几乎没有时间陪先生和孩子一起出游，就算是一起出去了，我也手机不离身，生怕漏接了公司打来的任何一通电话。回家最大的享受不是天伦之乐，而是放松四肢睡大觉，因为在外面实在奔波得太累了。

"好多年来都无暇顾及先生与孩子的情感需要,有时虽然觉得对他们有所亏欠,但转而一想,我这么努力赚钱,不也是为这个家好?况且孩子有先生陪伴,家里有人照料,不愁吃不缺钱,他们还有什么不满足的呢?

"可是随着我花在工作上的时间越来越长,我发现丈夫不再关心我了,也很少像以往对我抱怨,孩子长大一些不太需要他操心之后,跟我提出离婚。我真不懂,我在外面那么辛苦地工作,他怎么可以离开我?

"我好不甘心,一度质疑自己的付出到底是为了什么,最终竟然换来先生和孩子的背叛,我不愿意放弃他们。在和先生沟通后,他才告诉我,他已无法忍受我对他和孩子的冷漠,他需要温情,跟我在一起生活无聊、乏味。我辛苦工作赚钱所带给他的只有一屋子的冷清和空虚,他不要一个整天只有工作的老婆。他需要体贴、关怀和爱,而这些我都没有提供。

"后来,我花了很长一段时间和先生与孩子修补感情,然而,这么长一段时间的疏离,短时间内无法恢复,但我不放弃,我将重心放回家庭,工作不再是我的唯一,假日我们开始一起出游,再忙我也会赶回家和他们吃晚餐。渐渐地,孩子和先生放下对我的怨念,开始接纳我,现在我在工作和家庭之间找到了一个平衡点,一家人过得非常幸福。"

家人之间沟通是绝对必要的,有话坐下来好好讲,这样他们才能知道你的想法，帮你一起整理思绪、稳定情绪。家，应该是最舒服、安全、稳定、快乐的地方，下次回家时，记住先对自己说：丢掉烦恼，带快乐回去。不要什么事都埋在心底，暗自期望别人了解，当别人不明白时，自己又萌生失望和感伤，将怨气迁怒到家人身上，使得家人伤心，自己也一肚子气。记着，你这辈子最大的资产就是这个家，好好珍惜它。

珍惜和家人相处的每一分钟

有位妈妈下班回家很晚了，既疲累又有点烦，她发现5岁的儿子靠在门边等她。

"妈妈，我可以问你一个问题吗？"

"当然可以，什么问题？"母亲回答。

"妈妈，你一小时可以赚多少钱？"

"这与你无关，小孩子为什么问这个问题？"母亲生气地问。

"我只是想知道，请告诉我，你一小时赚多少钱？"小孩哀求。

"假如你一定要知道的话，我就告诉你，我一小时赚10美金。"

"噢！"小孩低着头这样回答。小孩接着说，"妈妈，可以借我 5 美金吗?"

母亲发怒了,"如果你问这个问题只是要跟我借钱去买毫无意义的玩具或东西的话,马上给我回到你的房间,好好想想为什么你会那么自私。我每天长时间辛苦工作着,没时间和你玩小孩子的游戏!"听了母亲的话,小孩安静地回到自己房间并关上门。

这位母亲越想越生气,她很奇怪这么小的孩子怎么敢为了买玩具而问这种问题。

一小时后,这位母亲冷静下来了,想着她刚才对孩子太凶了。或许她应该用那 5 美金买小孩真正想要的,因为他很少像今天这样向她开口要钱。

母亲走到孩子的房门前轻敲后打开门。

"你睡了吗,亲爱的?"她问。

"妈妈,我还没睡。"小孩怯生生地回答。

"抱歉,我刚刚可能对你太凶了。"母亲温柔地说。

"今天在公司实在有太多事情让妈妈感到很累,刚刚不小心对你乱发脾气。真的很对不起。来,这是你要的 5 美金。"

小孩笑着坐直了起来,"妈妈,谢谢你。"

接着小孩从枕头下拿出一些被弄皱了的钞票。母亲看到小孩已经有钱仍向她要钱,忍不住又要发脾气。这小孩慢慢地算着钱,接着看着他的妈妈。

"为什么你已经有钱了还想要更多？"母亲生气地问。

"因为我以前的钱不够，但现在足够了。"小孩回答。

"妈妈，我现在有10美金，我可以买你一小时的时间吗？明天请早一点回家，我想和你一起吃晚餐。"

母亲热泪盈眶地把儿子拥入怀里，她终于明白她应该为自己的家投入更多的爱。从此以后，来自家庭的爱给了她巨大的力量，快乐美好的亲情替她一扫工作带来的疲惫，她有了更多的创意，事业蒸蒸日上，家庭和事业两不误，相互促进，达到了双丰收。

有些女性认为努力工作，赚钱让家里衣食无缺，家庭就能幸福美满，却忽视了"陪伴"家人的重要性。亲爱的姐妹们，你们可以从工作中获得成就感，获得让自己经济独立的收入，但是能够让自己无后顾之忧在职场上冲刺的其实是家人的守护，先生、孩子都是你最大的支持者，如果忽视了"陪伴"家人，拥有再多的成就与金钱，你的内心仍会感到空虚。好好珍惜和家人相处的时光，家庭和乐幸福的女人，才能有更多能量付出在工作上，时时提醒自己，天天保持愉快的心情出门，回家用笑脸迎接家人。

家是你永远的避风港

　　乡下小村庄的偏僻小屋里住着一对母女，母亲生怕遭窃，总是一到晚上便在门把上连锁3道锁；女儿则厌恶了一成不变的乡村生活，向往都市，想去看看外面那个吸引她的世界。

　　某天清晨，女儿为了追求那虚幻的梦从母亲身边离开了。她趁母亲睡觉时偷偷离家出走了，"妈，你就当作没我这个女儿吧。"她留下了一封信，内容这么写着。可惜这世界不如她想象得美丽动人，她在不知不觉中，走向堕落之途，深陷无法自拔的泥泞中，这时她才领悟到自己的过错。

　　10年后，已经长大成人的女儿拖着受伤的心与狼狈的身躯，回到了故乡。

　　她回到家时已是深夜，微弱的灯光透过门缝透出来。她轻轻敲了敲门，却突然有种不祥的预感。女儿扭开门时吓了一跳。"好奇怪，母亲之前从来不曾忘记把门锁上的。"母亲瘦弱的身躯蜷曲在冰冷的地板上，以令人心疼的模样睡着了。

　　"妈……妈……"听到女儿的哭泣声，母亲睁开了眼睛，一语不发地搂住女儿疲惫的肩膀。女儿在母亲怀中哭了很久之后，突然好奇问道："妈，今天你怎么没有锁门，有人闯进来怎么办？"

母亲回答说："不只是今天，我一直在等你回来，但怕你晚上突然回来进不了家门，所以10年来门从没锁过。"

母亲十年如一日，等待着女儿回来，女儿房间里的摆设一如当年。这天晚上，母女回到10年前的样子，紧紧锁上房门睡着了。

如果当时女儿将自己的想法多和母亲分享一些，或许母亲会支持她出去闯一闯，去实现自己的梦想，离家出走对父母亲来说伤害很大，会令他们非常伤心。不要轻易擅自决定任何事情，把自己的想法和父母沟通吧，家人之间不该有所隐藏，把话说清楚了，误会就解开了，疙瘩也会慢慢释怀的。

每个家庭中，女性往往是最大的精神支柱，当我们用心观察家人的心情，扮演好一个协调者与照顾者的角色，家也会因此更稳健。

家人的爱是希望的摇篮，感谢家的温暖，给予我们不断成长的动力。不论在外面受了多少委屈，都请不要把压力带回家。

别让"致命吸引力"
找上你

人们常说婚姻最怕"七年之痒",

婚姻的第7年是最容易出现外遇的时机。

然而现今网络发达,在人际交往容易的情况下,

又何须7年,很多人一不小心就迷失了方向,

断送了苦心经营的婚姻生活,

所以除了要有自制力,

还有一些你千万不能触犯的禁忌。

每个人都是从零社交关系开始的,借由生活中与人互动、联结搭起关系,进而慢慢建立起属于自己的社交网。男性建立的社交关系大多都是通过职场关系所联结起来,女性则更广泛,

不仅有在职场上认识的人，还有从家里、学校、邻居等社交关系联结之处结交的人，而与家人之间的关系，便是她们经营人际关系的基本场所。但是，有时候婚姻生活维系不易，加上若生活圈、交友圈广阔，所受到的诱惑其实与男性不相上下，很容易一不小心就迷失了方向，伤害了家庭关系。

严守界线，拒绝诱惑

一通打错的电话、一次再平常不过的问路、电梯上的礼让或是在社交场合一个暧昧的举止，都可能让你拿捏不住关系的界线。很多人认为外遇是因为婚姻不顺遂，事实上，它更深的意义是一种生理冲动。

在电影《致命诱惑》中，男主角加洛格拥有一个幸福美满的家庭，深爱他的妻子、女儿和一只可爱的狗，一家人其乐融融。然而在一次妻子回娘家时，加洛格于酒会上意外地邂逅了金发女郎艾丽克丝，她积极的暗示与诱惑，让"正好孤单"的加洛格觉得既然对方主动投怀送抱，来场一夜情也无妨，没想到就此为他和家人的生活埋下了不可预知的危机……

你是否也曾经有这样的经历，在社交场合上遇到某些男性，他们可能既幽默又英俊，让人对他们深深着迷。但是，这时请切记自己的身份，别因为一时鬼迷心窍而做出后悔莫及的事情。

许多女性在职场上也会遇到一些需要应酬或是交际的聚会，如庆生会、春节宴、庆功宴等，如果遇到不得不出席的情况，也请注意社交礼仪，千万不要失了分寸，落人口实。

不要和男同事太过亲近。酒酣耳热、气氛欢愉之际，很容易让人失去戒心，人与人之间的距离因而可能会太过亲近，搭肩、拥抱等举动很容易引人误会，绝对要注意。

服装不要过于暴露。很多女性以为下班后的聚会可以放轻松，服装也就不拘谨，或是穿得比较性感，但这么做很容易让人觉得你太轻浮，反而对你留下不好的印象。

注意自己的酒量。千万不要每个人跟你敬酒你都照单全收，而要委婉地拒绝，比如说身体不适或是等下还要开车回家等理由，真的推辞不掉的再礼貌性地喝几口就好，以免喝醉丑态百出。

不要让男同事送你回家。就算同事是一番好意也不要答应，毕竟孤男寡女共处一车，避讳着比较好。

不要滥用你的柔情。应酬时若遇到有异性向你倾吐心事或感情创伤，请礼貌性、点到为止安慰即可，不要过度，避免擦枪走火，产生无法收拾的后果。

不要和异性相约在酒吧、歌舞厅一类的地方。在那种环境下加上酒精很容易引起"催情"作用，使你失去自制力，进而失去理智，做出不妥的举动。

别让婚姻生活变成一种习惯

男女外遇的原因大不相同，男人外遇多半是因为性；而女人外遇的主要原因是因为她们缺少爱，甚至觉得缺少精神支持，有一种急需感情支撑的感觉。所以，女人外遇不是为了性爱，而是为了情爱。

日剧《家的记忆》中，木村拓哉饰演的金融精英因为火灾失忆，忘记现任妻女，却对前妻有记忆，在他抽丝剥茧尝试追回 5 年记忆的过程中，猛然发现，原来前妻与他离婚是因为他有外遇，加上他高傲，生活重心都放在工作上，凡事力求表现，不仅与公司同事关系紧张，也因为疏于关心家人，忽视经营家庭生活，导致前妻再也无法忍受，最终选择离开他……

此外，当生理的渴求越过理性的警戒线，外遇就会成为心理和生理的共同需求。它们会将外遇锁定在人的双重属性保护之内，使原来的情感结构成为废墟。

电影《出轨》中，一对住在纽约郊区的夫妻，育有一子，先生工作稳定，有房有车，一家人的生活堪称幸福美满，无可挑剔。然而在看似快乐的生活下，逐渐规律平淡的生活，似乎让两个人之间少了点什么。直到妻子在一次外出时，邂逅了一名书商，这段相遇给她的生活带来了惊喜、刺激，那是她和先生许久未曾有过的感受，于是，她沦陷了……

不管有多少理由，红杏出墙对夫妻感情的伤害、整个家庭的伤害都是巨大的，甚至有可能动摇你社交生活的根基，许多人在发生婚外情之后虽然意识到对自己和家庭造成的伤害有多大，非常想摆脱这种情感，但是往往理智战胜不了情感，通常越陷越深。

<mark>婚姻并不是一件浪漫的事，甚至时间长了之后的确会有些枯燥乏味，但这才是生活的真实面。</mark>要让生活多彩多姿有变化，夫妻两人要一起经营婚姻，花点巧思增加彼此间的情趣，不一定要拘泥在特定节日庆祝，偶尔送给对方一个小礼物，或是相约去看场电影，趁周末来个甜蜜双人游……都能给平淡的生活增添火花。

察言观色，聆听对方说话也很重要。比如，男性工作压力大，有时回到家不想说话时，妻子递上一罐冰啤酒或一杯热茶，静静地坐在一旁陪着先生看电视也不错，当他想说话就会主动告诉你了。比如，妻子在公司受到委屈，丈夫可以把肩膀让妻子靠一会儿，抱抱她，安慰她，听她说一遍事情原委。陪伴才是最长情的告白。

谨记结婚的初衷，永葆爱的力量

在电影《来跳舞吧》中，一个正面临着中年危机的男子约翰，虽然在大企业里有着一份稳定的工作，家庭也很美满，美丽的妻子和就读中学的儿女都不需要他操心，一家人平静愉悦地生活在一起，但二十几年来几乎一成不变的工作逐渐让他觉得失去挑战性，和妻子之间也很少交心深谈。在日复一日枯燥的生活中，他的心中产生了说不出的空虚和寂寞。

因缘际会下他发现每天搭地铁停留的某一站有一间舞蹈教室，教室里神情忧郁的美丽女子，唤起约翰对生活的渴望。考虑许久之后，他报名了。在学习舞蹈的过程中，通过与同学、老师的互动，他慢慢地找回了失去已久的对生活的渴望，对婚姻的悸动，这让他的人生产生了波澜……

生活中有太多的诱惑吸引着我们，亲爱的姐妹们绝对要把持住，婚姻经营不易，家人更是生命中的重要支柱，男人渴望获得敬重，女人渴望甜言蜜语、深情相待，结婚再久双方仍然应该尽量去满足对方的这些渴望。一个能够维系家庭和谐，婚姻幸福美满的女人，才能拥有更多的正向社交关系。

"谨言慎行"
造就美满的家庭

人与人之间通过言语联系,
然而有时"说者无心,听者有意",
一不小心,这把"刀子"就伤到人了,
因此我们更要谨言慎行,
以免让自己陷入人际关系中不利的位置,
最后举步维艰。

坏脾气是一个人失败的根源之一,因为喜怒无常的人让人恐惧,所以很少有人愿意与其合作共事,在社交关系的建立上当然不会顺遂。很多人在外对人客气谦卑,回到家却把脾气都发泄到家人身上,这样不仅家庭不和谐,也造成他们压抑的心态，以致自身、家庭、工作都无法良好发展。

情商高低直接影响成败

　　俞华是公司的管理部经理，很善于经营管理，在她的领导之下公司业绩蒸蒸日上。领导看中她的能力，想外派她到境外管理分公司，她自己也非常期待，但是她的先生却希望她留在自己身边不要去海外。俞华认为先生不支持她的事业，不分青红皂白地和他大吵了一架。那一阵子她的情绪变得喜怒无常，这让与她工作的人个个担惊受怕，第一位受害者就是她的秘书，经常听见俞华在办公室里发火、摔东西，过一会儿就会看见秘书紧绷着脸，勉强压抑住泪水从办公室走出来。而其他员工则见了她的身影都害怕，每次早上她一进公司，大家立刻会用通信软件彼此告知：女魔头来了，注意！

　　偌大的一个部门，只要她在就鸦雀无声，死气沉沉。

　　渐渐地，俞华的坏脾气在部门里产生了连锁的不良反应，她把怒气发泄到秘书身上，秘书又把怒气转嫁到了其他同事身上，然后这些同事又把怒气发泄到工作上，有时，员工消极懈怠，有时候故意找碴儿惹是生非。后来，公司业绩下降，员工们一个个离职了，俞华外派境外的计划也早已取消，因为公司正在考虑俞华是否留任的问题。

情商高低是一个人成功的重要因素之一，仔细观察那些受到众人爱戴的主管，她们往往性情随和、经常微笑，具有亲和力，所以很多人都愿意与其合作共事。处于管理层的领导是营造办公室气氛的重要角色，成功的领导者应该有宽广的气度与胸怀，一个具有良好修养并能够控制自己情绪的女性主管，才能造就美好的家庭氛围及快乐的工作环境。

一视同仁，用心对待才是专业人士

美国城市底特律举行了一次盛大的游艇展览，展览会上人们可以选购各种船只，从小帆船到豪华的巡洋舰都可以买到。

一位来自中东的富翁，站在一艘展览的大船面前，对销售小姐说："我有两千万美元，想买一艘游艇，你可以帮我介绍吗？"那位销售小姐只是冷冷地看着这位衣衫褴褛的富翁，以为他是疯子，认为这是在浪费她的宝贵时间，所以完全不理睬他。

富翁看看这位销售小姐，看着她没有笑容的脸，然后走开了。这时另一位销售小姐在不远处热情地招待了富翁，脸上挂着像阳光般灿烂的微笑，于是富翁请教了她很多关于游艇的话题。这位销售小姐非常详细地介绍，诚意十足，最终富翁签了一张500万美元的支票作为订金，并且对这位销售小姐说："在这次展览会上，你是唯一一个让我感到我是受欢迎且被尊重的人。明天我会带一张两千万美元的保付支票回来。"原先瞧不起那位富翁的销售小姐懊恼万分，她错过了一笔大生意。

女性在与人互动中，"真诚的心"和"微笑"是拉近彼此距离的两大法宝，也是累积社交关系绝不可少的秘密武器。女人要适时地展现真诚的个人魅力，千万不可以貌取人，不能因为对方的身份高低或是财富多寡而有不一样的态度，而要谨言慎行，一视同仁，以最真诚的态度去服务每个人，不管做任何事情，用微笑去感染他人，用真诚去理解他人，真诚和微笑的价值难以计算。女孩们，请开怀地笑吧，那么成功的人际关系就在你面前。

要有承认犯错的肩膀和担当

艾莉丝是北卡罗来纳州的一位销售经理。在公司做采购员时，她发现自己犯下了一个很大的错误。有一条对零售采购商极为重要的规则，就是不可以超支你所开账户上的存款数额。如果账户上金额不足，就不能购进新的商品，直到重新将款项汇入——而这通常要等到下一次采购档期。

那次正常的采购完毕之后，一位日本厂商向艾莉丝展示了一款非常漂亮的新式手提包。可是这时艾莉丝的账户已经告急。

她知道她应该及早就先预备一笔紧急款，好抓住这种叫人始料未及的机会。此时她只有两种选择：要么放弃这笔交易，但这笔交易对公司来说肯定有利可图；要么向公司主管承认自己所犯的错误，并请求追加拨款。正当艾莉丝坐在办公室里苦思冥想时，公司主管碰巧顺路来访。艾莉丝当即对他说："我遇到麻烦了，我犯了个大错。"她接着解释了所发生的一切。

尽管公司主管不是个喜欢阔气花钱的人，但他深为艾莉丝的坦诚所感动，很快设法为艾莉丝拨来所需款项，手提包一上市，果然深受顾客欢迎，十分畅销。而艾莉丝也从超支账户存款一事吸取了教训。注定成功的人不怕犯错，只怕没有承认犯错的肩膀和担当！亲爱的姐妹们，处事严谨也难免出错，但只要你不怕失败，从每一个经验中学习，那么你将会越来越强大，身边愿意帮助你的贵人也会越来越多。

顾好自己，
家庭才能跟着好

好好经营自己的婚姻，
首先要照顾好自己的身心。
当你把自己的身心调养好，
在建立与经营人际关系时，
就能以正面积极的态度面对。

很多女人向往爱情，却恐惧婚姻，因为担心结了婚，热情不再，两个人的爱情也就逐渐淡化甚至消失。但不否认，婚姻本来就不是一件浪漫的事，婚后要面对的除了柴米油盐酱醋茶这些生活琐事，还要适应彼此的生活习惯，若是住在公婆家，还得适应其他家人的生活习惯，光这些必然存在的小问题就已经令许多女人闻之色变,更何况共同生活之后才开始一个个冒出来的新问题呢?

家是一切关系的根本

再多的浪漫,再多的甜言蜜语都无法撑起婚姻,婚姻也不是要两个人整天腻在一起,真正牢固的婚姻关系,在于彼此的人生目标是否一致。处于婚姻状态中的女性朋友们,更要牢牢记住这个原则。朋友关系也许不像有法律约束的婚姻关系,受到限制,但我相信,能把婚姻关系经营好的人,在社交关系上一定也不差,从家做起,是一切关系的根本。

现代离婚率越来越高,根据 2013 年台湾监察机构报告指出,台湾平均每 10 分钟就有一对夫妻离婚,而且台湾的离婚率,10 年来已经迅速增加 80%,从 2011 年的亚洲第一,成为世界第三。虽然高离婚率也凸显出现代大部分女性对自己的未来有更大的掌控权,她们经济独立,不需要再迫于现实忍受不幸福的婚姻。但也不禁让人思考,是不是夫妻之间缺乏共同经营婚姻的观念呢?

导致婚姻出现危机的原因有很多:夫妻一方社会地位的改变,也往往造成婚姻关系的震荡。比如,当年一起打拼的两个人,在工作上有不同的际遇,一个功成名就,一个却默默无闻,如果双方不能共同体谅，最后婚姻就可能会瓦解。

除了成就上的差异，还有个人价值观、对孩子的教育观念是否相同、性生活是否和谐以及对生活态度的差异等，如果一个人喜好买名牌，生活中的许多东西都讲究品位，另一个人觉得生活只要过得去就好；一个人过度宠溺孩子，另一个人却觉得孩子就该严厉教育……这些造成双方对于生活层次上的认知差异，如果没有经过适当的相互协调，也会让幸福的婚姻失去平衡。因此，不要被爱冲昏了头脑，在决定结婚前要先彼此沟通清楚，认真考虑彼此是否适合，双方对未来的生活目标是否一致，在各方面都达成共识，才能一起经营家庭，为了未来共同努力。

爱是包容和体谅，但不能改变现实

其实，有很多失败的婚姻是令人惋惜的，有些准则如果能事先掌握的话，或许就可以找到幸福的婚姻。

不要以为爱他就能改变他

很多女人认为只要有爱一切都能改变，一心想按照自己的意志重新塑造自己的爱人。千万不要有这种念头，因为那样做或许会换来短暂的完美情人，但骨子里他仍是你一开始认识的那个人，你的一切苦心都是徒劳无益的。

不要想控制对方

男人很贪心，他希望自己的女友既是成熟的恋人，又能当他的朋友、伴侣，而不是一个使唤他的娇娇女，或是另一个和他妈妈一样唠叨的女人。所以除非你们双方一个愿打一个愿挨，那就没问题，否则你过度的控制欲只会让男人想逃。

别在情人面前翻旧账，做比较

女人是种奇妙的生物，对于前男友的缺点似乎总能牢记在心，分手再久依然不会忘记，但是请不要对现任男友翻旧账，这会使他感到万分恐惧。还有，千万不要将新旧情人做比较，试想，你也不希望自己被男友拿来和前女友做比较吧？所以，请赶快停止这些可怕的行为，因为你可能会吓跑所有追求者。

婚姻不是童话故事，不要过度期待

相信 10 个女人之中可能 9 个都喜欢惊喜，她们期待男友经常带给她们惊喜，但是现实生活中，男人要忙的事有很多，不是只为了女友而活，所谓的白马王子和公主从此过着幸福快乐的生活都是童话故事里才会发生的，大多数男人真的没有那么浪漫，生活也没有那么多惊喜可以制造。因此，请不要对男人怀有过度的期待，因为他们更喜欢看到一切都在自然中发生，你的过度期待只会让他们感到烦躁。

婚前对彼此多一点认识，婚后才不会对婚姻感到失望，所谓美好幸福的婚姻从来都不是一个人能达成的，而是需要双方一起维护经营，用爱圆满自己和另一半，这样才能走得长长久久。

经营好自己，婚姻更长久

在经营家庭与人际关系上，女性因为面对着太多的压力，有时不免会出现负面情绪，这时千万不要任其发展下去，而应该及时改善，才能避免负面情绪累积影响到婚姻与工作。以下举出几种女性常见的负面情绪以及应对方式供各位参考。

【抑郁】易钻牛角尖，凡事想太多。

处方一：多运动。至少要养成散步的习惯，运动可以帮助松弛神经，使人更有活力。

处方二：多听轻松的音乐。音乐容易进入人的潜意识，潜意识对人的影响更大。

处方三：充分利用颜色造成的心理效应。多穿暖色调衣服，少穿冷色调衣服。

处方四：多与人交往。与性格外向、开朗活泼的人交往，和他们分享生活，通过聊天纾解心中郁闷。

处方五：抬头挺胸走路。可逐渐建立自信心，从而缓解抑郁情绪。

【虚荣心】扭曲的自尊心所造成。

处方一：追求真善美。一个人追求真善美就不会通过不正当的手段来炫耀自己，就不会徒有虚名。

处方二：克服盲目比较的心理。一味地去跟他人比较，心理永远是无法平衡的，会使虚荣心越发强烈，一定要比就跟自己比，看看自己在各方面有没有进步才最实在。

处方三：尊重自己的人格。崇尚高尚的人格可以使虚荣心没有出头的机会。

【嫉妒心】心理上的病毒。

处方一：建立正确的竞争心理。社会上的竞争无处不在，但看到别人在某些方面超过自己的时候，不要盯着别人的成绩怨恨，更不要企图把别人拉下马。而要采取正当的策略和手段，让自己在工作上更进一步。

处方二：建立正确的价值观。有了正确的价值观就能在别人有成绩时予以肯定，不再心生妒忌之心，并且虚心地向对方学习。

处方三：提高心理健康指数。心理健康的人，总是胸怀宽广，做人做事光明磊落。而心胸狭窄的人，才容易产生嫉妒。

==女性刚毅与温柔的完美结合能够创造恋爱生活的奇迹，使和异性之间的交往变得健康而富有情调。==聪明的女人懂得欣赏自己身上女性的魅力，同时相信自己有能力吸引她心目中的恋人。正因为她对自己充满信心，所以才能在刚毅的基础上表现出女性特有的温柔。

别让家庭
成为工作战场

一天的时光逝去，就是一天的终结。
所以，把许多不必要的，
烦恼的事情从记忆中抹掉，
不要在"悠悠人生路"上投下阴影，
破坏了这一天可以享受美景的心情。

现代越来越多的职业女性，她们所背负的压力与遭遇的挫折往往大于男性，因为除了工作她们还要兼顾家庭。并不是说男人都不照顾家庭，但是，每一个家庭大多数都是女性付出与投入得比较多，张罗三餐、家庭整洁、照顾公婆、孩子要上哪间幼儿园、是否上才艺班等，这些都是女性工作之余仍必须操心的事情，在压力不断累积之下，一不小心就容易把负面情绪带回家，学会调整自我情绪，不把压力带回家是必要的课题。

烦恼抛门外，笑脸迎家人

前阵子去朋友家做客，出了电梯，赫然望见门上挂了一只木牌，上头写着两行字："进门前，请脱去烦恼；回家时，带快乐回来。"

当时，久久凝视，细细玩味，不禁对这家主人萌生无限感佩。短短的两句话，蕴含的却是深奥的家庭哲理。

进屋后，见男女主人一团和气，两个孩子大方有礼，温馨、和谐满满地充盈着整个屋内。

自然问及那只木牌，女主人笑着望向男主人："你说。"男主人则温柔地瞅着女主人："还是你说，因为，这是你的创意。"女主人甜蜜地笑道："应该说是我们共同的理念才对。"

经过一番推让，女主人轻缓地说："其实也没什么大学问，一开始只是提醒我自己，身为女主人，有责任把这个家经营得更好……而真正的起因，是有一回在电梯镜子里看到一张疲惫、灰暗的脸，一双紧皱的眉毛，下垂的嘴角，忧愁的双眼……把我自己吓了一大跳，于是我想，当孩子、丈夫面对这样一张面孔时，会有什么感觉？假如我面对的也是这样的面孔，又会有什么反应？接着我想到孩子在餐桌上的沉默、丈夫的冷淡，这些我原先认定是他们不对的事实背后,是不是隐藏了另一种我没有发现的原因,而那真正的原因,竟是我!当时我吓出一身冷汗,为自己的疏忽而后悔,当晚我便和丈夫长谈,第二天就写了一只木牌钉在门上,结果,被提醒的不只是我,而是一家人……"

好有智慧、好可爱的女人。

"家"是一个硬件,"人"才是组成并发挥功能的软件。每个人都带一些快乐与欢笑回家,家里自然充满笑声;相反,每个人都带烦恼与不快回来,定是愁云惨雾。当然,我们并不是要大家"报喜不报忧",互相分享,互相分担,也是家的功能之一;但分担的意义是通过沟通才达成的,而不是成天紧绷着脸,将心中的怨气毫无理由地发泄在别人身上,或总是觉得别人对不起自己。试着在最令人放松的家中,整理好自己情绪,沟通、倾诉、倾听。明天的你,出了家门,又是崭新靓丽。

爱就是每天回家陪家人一起吃饭

"要我说几次你们才听得懂,那份报告明天我进公司时没看到,你们那个部门就准备解散吧!"怡婷边咆哮边离开餐桌走向书房,这情形已经不知道是这个月的第几次了。

怡婷在现在这家公司工作了好长一段时间,前阵子因工作表现良好,升职调到另一个部门当主管。或许要管的人变多了，工作量也增加了，她不像以往可以天天回家陪孩子、先生吃晚餐，经常要加班到十一二点才到家，每次一回家总是板着一张脸。先生好几次想关心她，问问她工作状况，她总是说"我好累，明天再说吧！"也许心有亏欠，最近她开始尽量赶回家吃饭，但总是没吃几口，手机就一直响，每通电话都听到她的怒骂或咆哮声，一顿饭下来，坐在餐桌前的时间应该不到10分钟。

某天，怡婷下班回到家已是凌晨一点多了，迎接她的只剩餐厅的一盏小灯，她走近一看，餐桌上摆着一张字条，写着：

老婆，辛苦了！我猜你晚餐应该又是吃快餐了吧，少吃点，对身体不好。电锅里有你爱喝的冰糖银耳莲子汤，喝点再睡吧。我先哄孩子睡了，最近都没跟你聊天谈心，你有事别闷在心里，想说话，想找人陪，我永远都在。爱你的老公，晚安！

怡婷看着看着觉得眼眶湿湿的，眼泪不争气地落下来，她忽然惊觉自己已疏忽亲爱的家人好久了，但家人却不求回报地一直默默陪伴并守护着她。明天不加班了，她要和领导沟通，她要找回以前的那个她，每天回家和先生、孩子一起吃饭，全家一起开心聊着一整天的生活趣事，她好久没看到自己笑了……

活在当下，全力以赴每一天

有个人收到了一张印着从1990年到2001年共12年的年

历。从此以后,这个人经常幻想着未来:3年后的这个时候,自己一定要当上科长。再过一年的这个月,可以改建住房了。他手指着年历,编织着希望,最后干脆用红笔圈了下来。"借银行的贷款,这个时候可以还一半。从这开始准备养老的储蓄……"他边画圈边说。就这样,过了两个半月,他忽然变得沉默寡言了。

这天早晨,他像往常一样站在日历前。从头到尾看下来,每个月该有大事的地方,他都用红笔标着记号,详详细细地记录着12年的计划。退休的日期也在其中,自己的将来可以一眼看到底。

他若有所思,猛地站了起来,大喊道:"你这个祸根!"他用力扯下那张年历。

一个人每天都要盘算着未来的事情,还怎么能抓住今天呢?

人一方面总是向后看,有悔不完的过去;另一方面又太重视未来而有过多的憧憬。回忆过去、憧憬未来都很容易,而懂得紧紧把握"当下",好好运用它,并能收获成果,却不容易。

现在开始,不要再悔恨没有好好享受逝去的光阴,不要再依赖于尚未到来的未来,现在的时光过去了,你就永远无法再拥有,又会变成缅怀的过去。把握现在的每一秒钟去学习和创造,此时此刻,就是你该好好享受并且善加运用的"当下"。生命会更加五彩缤纷,时刻跃动鲜明。

勇敢说爱，勇敢付出

翱翔天际的风筝之所以能越飞越高，
是因为风筝的线被亲人的手牢牢牵着，
断了线的风筝，
也必将失去逆风飞翔的动力与依靠，
没了方向与志气，终将落寞不已。
对于所爱的家人，不必送上什么珍贵的礼物，
些许贴心，就足以令他们感动万分。

对于家人，我们常常羞于表达对他们的爱，明明收到老公送的礼物很开心，结果只是淡淡地说了声谢谢；看到爸妈为了自己的生日买蛋糕还煮了一桌菜庆祝，心中虽然很感动却不好

意思给他们一个大拥抱或是亲吻，结果说出"哎哟，过什么生日，我又不是小孩"这样的话。尤其女性其实是很愿意为所爱的人付出的，但就因为不好意思而错失当下感谢的机会，现在开始赶快抛开这些无谓的矜持，大声告诉你所爱的人你对他们的感谢！

有爱就真诚直率地表达

当春生走进监狱的那天，父母兄弟都弃他而去了。在最失意的日子里，妻子的一封信燃起了他的希望。在信中，妻子说，要好好改造，争取早日回家团聚。她还经常寄很多生活用品给春生，希望他生活得好一点。即使这样，春生仍担心妻子会变心，他总觉得她是怕自己精神崩溃才做这一切的。一切的一切，可能都只是同情吧！他曾想用一纸离婚证书让妻子从人们鄙视的目光中解脱出来，但又怕伤害她。他只能在矛盾中挣扎，不知该如何是好。

我曾听到过类似的故事。一个刑满释放的年轻人不知妻子是否还能接受自己，便在出狱的前一天给家里写了一封信，如果妻子能原谅他，就在家门口的树上挂上一条黄手帕；如果不能，就什么也别挂，他将远离她的生活。当他所乘的汽车在回家的路上行驶时，这个人一直低着头，他不知要面对一个什么样的结局。离家越来越近了，3条街，2条街……突然，他看到家门口的那棵树上挂满了黄手帕，数不清的黄手帕，招手似的随风飘摇欢迎他的归来。

春生也像那个年轻人那样大胆地默写了恋爱时写给妻子的求爱信，默写了4遍，正代表他服刑的4年，约见地点还是恋爱时常见面的那棵柳树下，并请求如果妻子不原谅他，就不要来。

那一天，寒风中的柳树格外萧条，但妻子穿着热恋时曾穿过的红毛衣，身影分外醒目。

两人的泪水跨越了冰冷的等待时空。

有爱就真诚直率地表达，就算被拒绝也没关系。爱情本来就是通过追求才能得到。只要有机会，你都应该不失时机地勇敢表达你的爱，只有这样，才能减少遗憾的发生。

爱，不该轻易试探

有一个妻子因为爱上了别人，想要离开丈夫，所以设计假死，并串通旁人买了一具妇人的尸体，让她的丈夫相信自己已亡故。

深爱妻子的丈夫伤心欲绝，只好把尸体火化了。

可是，他实在太爱他的妻子，因此把那妇人的骨灰成天带在身边。这样的深情，让背叛他的妻子深受感动，觉得丈夫才是自己的归宿，因此离开了情人，想要再回到丈夫的身边。

那天，她悄悄跟在丈夫的身后，叫唤着他的名字，她期待并且相信，对于她的出现，她的丈夫一定会非常惊喜。

然而，奇怪的是，当她的丈夫转过身来，神情淡漠地看着她，不但没有她预料中的惊喜，反而客气地问她："是你在叫我吗？我们认识吗？"

"我是你的妻子啊！"

怎么可能呢？这个以为一切都在自己掌握之中的女人根本无法理解，为什么她的丈夫不认识她。

"不，你不是我的妻子，我的妻子已经死了，而且是我亲手把她火化的。"

这个丈夫非常坚定地表示。

"不是的，那不是我，我根本没死啊！"

美丽的女人几乎快要崩溃了，他这样爱我，怎么会忘了我的长相呢？

然而无论女人如何争辩和证明，这个曾经为失去妻子而伤心欲绝的男子，终究不相信眼前的美丽女人就是他的妻子。

爱不该被试探和考验，背叛丈夫的妻子以为她可以理所当然地安排丈夫的感情，然而对伤心的丈夫来说，爱情或许已随谎言而消逝，爱的是眼前的实体还是消失的肉身，都已无关紧要。色相本无凭，只是执于一心。痴心的丈夫执着的不是眼前的妻子，而是自己心中的爱念。

别用金钱来衡量感情

每次看到别的太太过生日或结婚纪念日，戴着先生送的新戒指、新耳环，王太太就好羡慕。虽然她的首饰绝不比别人的差，甚至高级更多，但是还是会有这种心理。平时逛珠宝店是王太太最大的嗜好，只要看见哪家太太戴了件新首饰，她一定去买一件更好的，然后摇摇摆摆故意亮给对方看。

"比我的好太多了！"对方瞪大眼睛问，"谁买给你的啊？"

前面那句话固然是捧，后面那句可就说到王太太的痛处了。

"我自己买的！"王太太表面潇洒，心里可不是滋味。她常想，为什么别人的老公没赚多少钱，却会为老婆买纪念品，我家的老公月入十几万，却忙得连结婚纪念日都从来不记得，更别说买礼物送她了。

"我给你钱，折现！好不好？"

每一次王太太提起自己的感慨，王先生就那么煞风景。"钱、钱、钱，多没情调！他为什么不能像小说里描写的，偷偷把一朵玫瑰花，留在老婆枕边，附带一张可爱的小卡片。那多美！"

"礼物的轻重，不是用钱来衡量的。最重要的，是送的人有没有心。"王太太有一次生气地说,"要是有一天你死了,也该让我有些东西,能够睹物思人啊!"

"如果我死了,给你留下钱,不是更实际吗?"王先生居然盯着手里的报表,连头都没抬。结果可想而知,一场关于婚姻、情感、金钱的大战爆发了。此后,王先王回家的次数、时间更少,传闻他有个情人。

王先王和王太太终究踏上离婚一途,形同陌路。王先生为此失去了一半的财产,事业也受到了不小的冲击。而王太太呢?据说认识了一个对她很好的男人,两个人正甜蜜交往中,会再婚吗?她说是个秘密,因为现在的她正沉浸在浪漫中……

工作和家庭是人生的两条腿,偏向哪一边都会造成身体的倾斜,哪条腿走得慢都会拖后腿。如果只有工作,即使事业再辉煌,人生也是不完美的,因为人不能没有家庭这个情感的港湾。把属于家人的时间还给家人,他们比工作更需要你。如果他们不需要你,工作还有什么意义?

CHAPTER

06

人的成长都来自内求，
　　　　而非外求

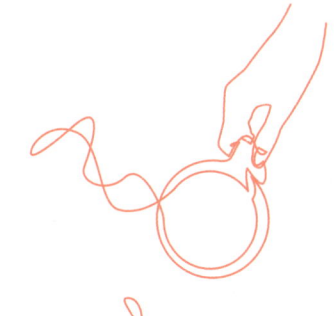

May You be Beautiful
and Free

感谢塑造你并使你成长的品性，
感谢社会让你经历了种种人生情感、经验；
感谢绊倒你的人，因为他磨炼了你的心智；
感谢蔑视你的人，因为他唤起了你的自尊；
感谢在人生道路上帮助你的人……
用满满的感谢督促着你不断充实自己，
做得更好。

时时自省，
不被欲望蒙蔽双眼

"自省"是人际交往中不可或缺的步骤。
自我反省的重点不在自我责备与苦苦懊悔，
而在于对自己负责任，
"自省"是让自己成长的一种方式，
并为以后的人生旅途打下良好的基础。

你觉得自己值多少钱？个人核心竞争力有多大？这是每一位进入职场的人都需要事先明了的问题。在工作之前，你应该要明白你究竟想做什么，能做什么，以及你想赚多少钱。最重要的是你一定要很清楚，你的个人价值在哪里。

认清自己的核心竞争力与个人价值

明怀是某家饭店的行政主管，工作表现一直都还不错，但最近新来了一位副手，学历和工作经历都很亮眼，还对外放话说明怀的位置迟早是他的，深感压力的明怀决定自我"充电"，甩开对方。他选择了进修更专业的计算机知识，甚至连编写程序都认真地学，同时重拾起大学时曾经选修过的法语。结果在他终于把自己勉强变成了一个三流程序设计师，法语也说得越来越流利时，对手已经重重地把他击倒在地，扬长而去。

刚开始怎么也想不明白的明怀如今懊悔不已。反躬自省之后他承认，自己在行政管理方面本来就不差，虽然仍有需要加强的地方，但选错了充实自我的方向，才是他最大的失误。尤其是在自己苦学编程、苦练法语的同时，也不可避免地影响到了自己最需要加强的专业能力——管理的效率与艺术，以至于给了对手可乘之机。事实上，明怀的失误正在于没有认清自己的核心竞争力。

通常，你的个人价值是由你在自我竞争力以及市场需求所组成的坐标中的位置决定的，而自我竞争力意味着你的基本素质、工作业绩及你的职位。任何一个行业都会有一个大致的市场行情价格。某个行业的市场需求越强烈，对应的价格就越高，你如果总是在这样的行业里，当然会更具有价值。那么，你在社交关系经营上的筹码自然也会增加。

举一反三，广泛思考，让自己与众不同

有两个要好的女孩同时受雇于一家超市。一开始大家都一样，从最基层做起。不久之后，其中的一个受到总经理的青睐，一再被提升，从领班一直升到部门经理。另一个却像被遗忘了一般，还在最基层。各种流言四起，有人说被升迁的那名职员一定和总经理有一腿，有人说她是走后门进来的，所以升迁也不会是靠能力……终于有一天这个被遗忘的员工忍无可忍，向总经理提出辞呈，并痛斥总经理不公平，辛勤工作的人不提拔，倒提拔那些走后门的人。

总经理耐心地听着，他了解这个女孩，工作肯吃苦，就是少了点用心，耳根子又软，轻信了流言蜚语。"三言两语说不清楚，说清楚了她也不服，看来……"总经理忽然有了个主意。

总经理说："你马上到市场上去，看看今天在卖什么。"

这个女孩很快从市场上回来说："刚才市场上只有个小贩在卖花生。"

"一车大约有多少袋，多少斤？"总经理问。

她又跑去，回来后说有 40 袋。

"价格是多少？"

她再次跑到市场上。

总经理望着跑得气喘吁吁的她说:"你休息一会儿吧!看看你的朋友是怎么做的。"说完叫来她的朋友,并对她说:"你马上到市场上去,看看今天在卖什么。"

她的朋友很快从市场上回来了,汇报说:到现在为止只有一个小贩在卖花生,有40袋,质量很好,价格适中。她带回几个让总经理看。这个小贩过一阵子还会卖西红柿,据她看价格还公道,可以进一些货,这种价格的西红柿公司应该可以接受,所以她不仅带回来几个西红柿做样品,而且把那个小贩也带来了,他现在正在外面等回话呢!

总经理看了一眼在一旁红了脸的女孩,说:"这就是你朋友得到晋升的原因。"

人与人之间的能力差异是客观存在的,正是由于这种差异的存在,才有了伟大和平凡之分。善妒和道人是非是女性在职场上容易犯的毛病,即使是自己的好友也会竞争计较。别让流言蜚语左右自己的判断,用心找出自己的不同点,使自己与众不同,才能获得更高的肯定。

只有正确认识自己,反省自己,分析自己,找出自己的不足之处,才能从嫉妒和怨天尤人的陷阱中脱身出来,对于强者择其优而学,辨其过而不蹈覆辙,逐步学习,努力缩短差距,能力是可以锻炼的。

书写情绪，透过文字更了解自己

社会交往中诸多困扰其实并不是由环境造成，而是因为我们自己想太多造成的，尤其是女性，常常因为心思细腻而无缘无故自寻烦恼，钻牛角尖，处于极端矛盾之中却不自知。试着把烦恼写下来吧！你会发现其实也没有想象中的那么糟，转换一下心情，抬头看看天空，太阳笑得如此灿烂呢！

有一位女同事，非常爱杞人忧天，遇上一点小事就胡思乱想，找出种种借口替自己制造烦恼。儿子一天没打电话向她报平安，她就烦恼儿子是不是不爱她了；老板约谈她，她就开始担心是不是工作表现不好要被炒鱿鱼了；碰上某个主管没有向她打招呼，她就烦恼是不是做了什么事惹主管生气了……她花在烦恼上的时间几乎都要占去她生活的一半了，这种焦虑担忧的状态导致她神经衰弱，经常心神不宁。

后来一位朋友建议她每天写日记，把烦恼忠实地写在里面。这个朋友还告诉她，日记是写给自己的，既要写出正面，也要写出负面，这样就可以把消极情绪从心里赶走。她半信半疑，觉得怎么可能有用，但因为每天实在过得太焦虑了，所以她开始尝试写日记，后来日复一日地天天写，没想到心中的疑团一下子便烟消云散了。她发觉自己为了那些所谓的苦恼而烦躁不安是非常可笑的。

书写烦恼是一种纾解情绪、缓解压力不错的方式，借由书写的过程，一方面释放自己的负面情绪，另一方面借由文字记录下自己的心情，之后回头再看时，我们可以更了解自己当时的想法以及思考不周之处。

忧愁、悲伤能损坏身体，从而为各种疾病打开方便之门，可是笑容能使你在肉体上和精神上保持轻松愉快，能使你的体质增强。所以说，最好的药物就是笑。

人生要忙的事情，要学的东西有很多，偏偏烦恼总是与我们结伴同行，但若是想一下子就全部消除也不实际。所以我们所能做的就是寻求一条合理的解脱途径，不再让烦恼占据我们的大脑存储器，或是一直为烦恼而操心，暂且将烦恼遗忘，学着与它们和平共处，等恢复理智之后，再以明智的决定逐一化解它们。

怀抱自信，
永葆求知欲与好奇心

天性好奇、求知欲强的人，
看待事情会思考得更广泛；
面对问题时，不会只接受一个答案。
女人除了要有自信，
也要永葆求知欲与好奇心，
让自己随机应变，
去寻找前人尚未走过的路。

环境可以塑造一个人，如果生活在一个有益于成长的大环境，就能使人更好地成长，更好地发挥自己的才能；如果生活在一个不利于成长的狭小的环境中，因为环境的影响，无法施展抱负，往往会自暴自弃。相对地，社交关系也是如此，生活中，我们不但要学会适应环境，更要懂得选择环境。善于变化的性格，可以更快速应变于新环境中，亲爱的姐妹，一起做个"善变"的女人吧！

不求安逸，发展空间越宽广

一间办公室门口摆放着一个大鱼缸，缸里养着几条热带鱼。那种鱼长约3寸，大头红背，长得非常漂亮，许多路过的人都会驻足观看。

一转眼两年时间过去了，那些鱼似乎没有什么变化，依旧3寸长，大头红背，每天自得其乐地在鱼缸里时而游玩，时而小憩，吸引着人们惊羡的目光。某天，鱼缸的缸底被过路的顽皮孩子砸了一个大洞，待人们发现时，缸里的水已经所剩无几，几条热带鱼可怜兮兮地趴在那儿奄奄一息。人们急忙把它们打捞出来，却不知该如何处理，四处张望了一下，发现只有院子当中的喷水池可以暂时作为它们的栖身之所，于是，便先把那几条鱼放了进去。

两个月后，一个新的鱼缸被抬了回来。人们都跑到喷水池边来捞鱼，捞起一条后，大吃一惊，简直有点手足无措了。仅仅两个月的时间，那些鱼竟然都由3寸左右的大小，长到一尺长！

不同环境，不同变化，而造就不同结果，给自己多一些空间，你将看到自己迸发出不可思议的潜能。不断往前、往上走的人，位置在变化，视野也跟着开阔；拥有的空间越大，成长的空间也就越大，并且能吸收更多的养分满足自身的成长需要。

你就是自己的救世主

春秋战国时期，一位父亲和他的儿子出征打仗。父亲已做了将军，儿子还是马前卒。又一阵号角吹响，战鼓雷鸣了，父亲庄严地托起一个箭囊，其中插着一支箭。父亲郑重地对儿子说："这是家传宝箭，佩戴身边，力量无穷，但千万不可抽出来。"

那是一个极其精美的箭囊，厚牛皮打造，镶着幽幽泛光的铜边。再看露出的箭尾，一眼便能认定是用上等的孔雀羽毛制作。儿子喜上眉梢，贪婪地推想象箭杆、箭头的模样，耳旁仿佛有嗖嗖的箭声掠过，敌方的主帅应声落马而毙。

果然，佩戴宝箭的儿子英勇非凡，所向披靡。当鸣金收兵的号角吹响时，儿子再也禁不住得胜的豪气，完全背弃了父亲的叮嘱，强烈的欲望驱使着他拔出宝箭，试图看个究竟。骤然间他惊呆了。

一只断箭，箭囊里装着一支折断的箭。

我一直带着断箭在打仗呢！儿子吓出了一身冷汗，顷刻间，意志力仿佛失去支柱的房子，轰然坍塌了。

结果不言自明，儿子惨死在乱军之中。

拂开弥漫的硝烟，父亲捡起那支断箭，沉重地叹一口气，说道："不相信自己意志力的人，永远也做不成将军。"

把胜败寄托在一支宝箭上，多么愚蠢。要知道，自己才是一支箭，若要它坚韧，若要它锋利，若要它百步穿杨，百发百中，磨利它、拯救它的都只能是自己。==历史上的成功人物取得非凡成就皆取决于自己过人的毅力、意志、信心与勇气，而非身外之物。==如同自信的女人，自身有一种说不出的迷人气质。

勇于挖掘自身潜力，坚持到底

在 20 世纪 50 年代，有一位女游泳选手，她发誓要成为世界上第一位横渡英吉利海峡的女性。为了达到这个目的，她不断地练习，不断地为这历史性的一刻做准备。

这一天终于来临了。

女选手充满自信地昂首阔步，然后在众多媒体记者的注视下，满怀信心地跃入大海中，朝对岸英国的方向游去。刚开始时，天气非常好，女选手很愉快地向目标挺进。

但是随着越来越接近英国海岸，海上起了浓雾，而且越来越浓，几乎已到了伸手不见五指的程度。

女选手处在茫茫大海中，完全失去了方向感，她不知道到底还要游多远才能上岸。

她越游心里越害怕，越来越筋疲力尽。最后她终于宣布放弃了。

当救生艇将她救起时，她才发现只要再游一百多米就上岸了。

众人都为她感到惋惜，距离成功就那么近了。

半途而废是许多人常犯的通病，然而很多时候只要再多花一点力量，再坚持一点点时间，就会胜利。但人们之所以如此，主要是因为缺乏毅力。当你遇到困境想放弃时，别忘了提醒自己：**人生犹如四季变迁，此刻只不过是人生的冬季而已，春天就快来了。**勇于挖掘自身潜力，坚持到底，就会迈向光明的成功之途。

让自己随时葆有
"竞争力"

人生需要目标，有了目标就有了方向，
方向可以帮你定位、找路，
但它不是路，路是需要标明的，即路标。
要获得一定的成就，
就一定要清楚你的主要人生目标是什么。

现实中并不是所有人都知道自己的"核心竞争力"是什么，盲目地追求，千方百计地试图包装自己，结果往往适得其反。不管我们多么迫切地希望提高、发展自己的社交关系，都别忘了知己知彼才能百战百胜，"知己"更是首要关键。

找出自己的"核心竞争力"

　　卜美善小姐是韩国人，本来在韩国一家小公司做一名普通的会计，工作平淡，薪水也很有限。在偶然的机会下她认识了上海某公司的总裁，出于欣赏，这位总裁邀请她来自己的公司做事，她一口就答应了。卜美善小姐的思路很清晰，她知道那家公司和韩国有大量业务往来，公司里却没有一个韩国人；而她是韩国人，去了之后地位自然举足轻重，发展空间也就不言而喻了。

　　果然，去上海后不久，她就通过自己的努力，为公司争取到了一家韩国大公司的合约，从此身价倍增。如鱼得水的她，现在已经成了公司的核心人物，无论是在薪水，还是在成就感方面，都已经有了不可同日而语的变化。核心竞争力一点都不复杂。比如对卜美善小姐来说，就简单到她是韩国人，那么你的核心竞争力是什么呢？无论是对公司，还对我们个人，全都一样。亲爱的姐妹们，先认识自己的天赋"核心竞争力"吧！

在社交关系道路上设下路标

　　美里是一位业绩出色的保险推销员，可是她并没有满足，而是一直希望跻身于业绩最高者的行列。但这一切最初只不过停留在愿望之中，她从未真正争取过。直到两年后的一天，她把这个愿望不经意地告诉父亲，父亲教导她："如果你让愿望更加明确，设立属于你自己的一个个路标，你才会努力实现它。"

于是她当晚就开始设定自己希望的总业绩，然后再逐渐增加。这里提高5%，那里提高10%，结果总业绩增加了20%。这样明确地设定人生道路的路标后，点燃了美里的热情。从此，她不论谈任何交易，都会设立一个明确的数字作为路标，并努力在一两个月之内完成。

"我觉得，自己设定的路标越是明确越感到自己对达到目标有股强烈的自信和决心。"美里说。她的计划里包括想得到的收入、地位和能力，然后，她把所有的访问都准备得充分完善，努力积累相关的业务知识，终于在这一年的年底，创造了自己业绩的新里程碑。

美里为自己做了一个总结："以前，我不是不曾考虑过要扩展业绩，提高自己的工作成就。但是因为我从来只是想一想而已，没有付诸行动，所以所有的愿望都落空了。自从我明确设立了一个个小路标，以及为了确实实现目标而设定具体的业绩数字和期限后，我才真正感受到，强大的推动力正在鞭策我去完成它。"

要获得一定的成就，就一定要发现并清楚你的主要人生目标是什么，你的人生主要目标，应该有一个你终生追求的方向，朝着这个方向努力，设定一个个小路标，一步步走过，成功指日可待。

不只有方向，更要全盘规划

很多时候我们在建立人际关系或做事时，往往会先设定一个大方向，再依循着这方向前进。比如，你必须与某知名艺人搭上线，请她当公司产品的代言人并协助宣传，但是你不可能知道她在哪家经纪公司就直接冲过去找她，你必须准备好完整的企划，以及足以说服她的筹码，否则光有方向却没有规划，只会显示出你的无知，甚至事倍功半。

几个大学生结伴登山，天气突然变坏，却找不到路出山，所幸警察、驻军联合搜救，才免于遇难。

"我们知道方向！"其中一位大学生躺在担架上对搜救者说，似乎觉得很不服气。

"只知道方向有什么用？"搜救者不客气地讲，"方向告诉你该往西走，说西边有村子，偏偏西边遇到山谷，你下不去；方向又指示你往北走，说北边有城镇，偏偏遇到一条河，你又无法渡过。到头来，方向没有错，但路走错了，唯有活活冻死饿死在山里。"

只知道方向有什么用？在人生的旅途上，这是一句非常受用的话。若不衡量自己的能力，不事先计划好路线，以为设定方向就能达到目标，往往会与目标渐行渐远。

善用自制力，
沉住气获得关键社交关系

在遭遇麻烦和危机时，应学会控制自我的心态，
在不必心急的事情上未经深思熟虑，
不要轻易做出应激性的反应，
因为贸然行动往往是情绪化的，
是不理智的，甚至可能是错误的。

涉世不深的年轻人容易心生急躁，这是一种需要控制的力量，若不想让急躁影响了你，就设法换个方式消除它，比如使劲全力握拳，有了累的感觉，歇一会儿你就轻松了。"耐心"可以在建立人际关系上大大帮你一把。

成功是需要毅力与耐心的

　　一位知名的推销大师即将告别他的推销生涯，应工会和社会各界的邀请，他将在该城中最大的体育馆，做告别职业生涯的演说。

　　那天，会场座无虚席，人们在热切地、焦急地等待着那位当代最伟大的推销员做精彩的演讲。当帷幕徐徐拉开，舞台的正中央吊着一个巨大的铁球。为了安放这个铁球，台上搭起了高大的铁架。

　　一位老者在人们热烈的掌声中走了出来，站在铁架的一边。他穿着一件红色的运动服，脚下是一双白色胶鞋。

　　人们惊奇地望着他，不知道他要做出什么举动。这时两位工作人员，抬着一个大铁锤，放在老者的面前。主持人对观众讲：请两位身体强壮的人到台上来。好多年轻人站起来，转眼间已有两名动作快的跑到了台上。

　　老人这时开口和他们讲规则，请他们用这个大铁锤，去敲打那个吊挂着的铁球，直到把它荡起来。

　　一个年轻人抢着拿起铁锤，拉开架势，抡起大锤，全力砸向吊挂着的铁球，一声震耳的响声，那吊球动也没动。他继续用大铁锤不断地砸向吊球，很快就气喘吁吁。

　　另一个人也不甘示弱，接过大铁锤把吊球敲得叮当响，可是铁球仍旧一动不动。

台下逐渐没了呐喊声,观众好像认定那是没用的,就等着老人做出什么解释。

会场恢复了平静,老人从上衣口袋里掏出一个小锤,然后认真地面对着那个巨大的铁球。他用小锤对着铁球"咚"地敲了一下,然后停顿一下,再一次用小锤"咚"地敲了一下。人们奇怪地看着,老人就那样"咚"地敲一下,然后停顿一下,就这样持续地做。

10分钟过去了,20分钟过去了,会场早已开始骚动,有的人干脆叫骂起来,人们用各种声音和动作发泄着他们的不满。老人仍然用小锤不停地敲打着吊球,他好像根本没有听见人们在喊叫什么。人们开始愤然离去,会场上出现了许多空位。留下来的人们好像也喊累了,会场渐渐地安静下来。

大概在老人进行到40分钟的时候,坐在前面的一个妇女突然尖叫一声:"球动了!"那间会场立即鸦雀无声,人们聚精会神地看着那个铁球。那球以很小的幅度摆动了起来,不仔细看很难察觉。老人仍旧一锤一锤地敲打着,吊球在老人一锤一锤的敲打中越荡越高,它拉动着那个铁架子当当作响,它的巨大威力强烈地震撼着在场的每一个人。终于场上爆发出一阵阵热烈的掌声。在掌声中,老人转过身来,慢慢地把那把小锤放进口袋里。

老人开口讲话了,他只说了一句话:在成功的道路上,你没有耐心等待成功的到来,那么,你只好用一生的耐心去面对失败。

曾有研究报告指出,女性的忍耐度远远高于男性,如果你能够善用这股耐力与毅力迎击每个失败与挫折,成功终会与你同在。

如果将成功看作白天,将失败看作夜晚,如果你没有熬到天明就睡去了,在醒来时仍旧是夜晚。有时候人际关系的经营也是需要耐力与毅力的,坚持下去,它们将会为你带来更珍贵的社交机会。

理智处事,平常心面对成败

在一次大型就业博览会上,A君以其绝对实力闯过了五关,不知道最后一关会是什么,A君在揣摩着。而另一位同是某名牌大学毕业的B君则有两关是勉强通过的。此时,他们都在等待着那第六关考题的公布,这将是对他们的一次宣判,因为两个人当中只能选一个。

A君入选是无疑了,大家都向他投去赞赏的目光。

主持人在片刻的、有些令人窒息的"冷场"之后宣布A君被录取,B君另谋高就。宣布完后A君兴奋地站起来,抑制不住心中的激动之情带头为自己鼓掌。这时 B 君不卑不亢地起身微笑着说:"正可谓人各有志,不可强求,选择人才是择优录取,更何况每个企业都有它用人的标准和尺度,每个人都想找到、也会找到适合自己的位置。虽然我没被录取,但还是很谢谢各位给我这个机会,希望之后有机会再和各位共事。"

"B 先生请留步!"主持人面带欣喜起身走向 B 君,"B 先生,你被录取了。"面对众人的惊讶,主持人向众人解释说:"成功与失败本是两个相互依存的概念,是相对而存在的,该是平等的,如果将任何一方看得过重,这个天平就会失衡。在这个世上生存或是发展,我们不只羡慕成功者的辉煌,而更看重能泰然自若面对失败的人。因为,每一个成功实际上是以许多人的失败为起点的,连在起点上都坚持不住的人,何谈以后的漫漫长途呢!"全场响起热烈的掌声。镇定自若,羽扇纶巾笑傲职场,更能显出你的成熟稳重、有风度。

自信但不自傲,谦虚但不自卑

根据统计,世上有 92% 的人是因为对自己信心不足,而不能走出生存的困境。这种人就像一棵脆弱的小草一样,毫无信心去经历风雨。倘若缺乏自信,便会让自己深陷自卑中无法自拔,进而导致挫败。如果不能克服消极心态,从自卑中挣脱出来，那将无法成就任何事情。

自卑是害人的毒药，甚至是杀人的利器。看看下面的故事大家会有同感：

有一次，松下电器公司招聘一批基层管理人员，采取笔试与面试相结合的方法。计划招聘10人，报考的却有几百人。经过一周的考试和口试之后，通过计算机计分，选出了10位佼佼者。

当松下幸之助查看录取者时，发现有一位成绩特别出色、面试时给他留下深刻印象的年轻人未在10人之列。这位青年叫神田。于是，松下幸之助当即叫人复查考试情况。

结果发现，神田的综合成绩名列第二，只因计算机故障，把分数和名次排错了，导致神田落选。松下立即吩咐纠正错误，通知神田他被录取了。第二天松下先生却得到一个惊人的消息：神田因没有被录取而感到非常难过，自卑感作祟，于是跳楼了……录取通知书送到时，他终身残疾了。

听到这个消息，松下沉默了好长时间，一位助手在旁自言自语："多可惜，这么一位有才干的青年，我们没有录取他。"

"不"，松下摇摇头说，"幸亏我们公司没有录用他。意志如此不坚强的人是成不了大事的。"

人生不如意事十之八九，只因为求职未被录取而拿死亡来应对的自卑情绪，是非常可怕的。成功源于坚忍不拔的精神和健康的心态，这正是一些自卑者所缺少的。当我们看到鲜花和荣誉环绕之下的成功人士时，不要仅仅将其归功于机遇与环境，应当牢记：自信的性格，良好的心态，是克服自卑迈向成功的垫脚石。

亲爱的姐妹们，遇到挫折时，不要轻易被打败，你必须要对自己有自信，相信自己的能力，不被负面情绪所影响。面对问题能够沉着冷静的人，才能够临危不乱地做出正确的选择与判断，并获得关键性的社交关系。

宁可冒险一下，
瞻前顾后只能原地踏步

生活可以一成不变，也可以天天充满趣味，

取决于你如何看待，以及如何度过生活，

快乐是一天，冒险是一天，

日复一日、一成不变也是一天，

你喜欢哪一种生活呢？

　　人们常说要跳脱舒适圈，太过安逸容易不思成长，这些道理多数人都懂得，但真正能够做到的却是少数。你呢，多久没冒险了？想让自己有所成长，回首来时路不会徒留感慨的话，请你勇敢去冒险吧，跨出舒适圈，哪怕只是一小步，你都会看到更惊艳的风景，同时会发现，原来你可以做到更多不一样的事情。

勇于冒险的女人最美丽

琳达是班上的资优生,不仅人长得漂亮,成绩也总是名列前茅,更是每一届的模范生,她对自己也充满自信,认为要考上理想中的大学绝对没问题。

果然,大学发榜后,她很顺利地考上了心目中的理想学校,满怀期待地让大家看到她优秀的表现。

没想到开学后没多久,琳达开始害怕去上课了,她以为她永远是团体中的佼佼者,但是大学里高手云集,有的女孩既美丽又多才多艺,有的女孩仿佛十项全能,不仅琴棋书画样样精通,考试做实验等也难不倒她们,一直对自己很有自信的琳达忽然觉得自己一点也不优秀了。她将自己封闭在家里,饭不吃也不跟外界联系。

好朋友美琪实在看不下去,她跑去琳达家,把她找了出来,两个人坐在常去的海边,不发一语,只是静静地吹着风看着海浪。不知隔了多久,琳达忽然开口说:我想先休学好了!美琪告诉琳达:你先听我讲个故事,听完之后再告诉我你的决定。

很久以前,有一只青蛙,一出生就生活在一个很深的井里面。由于井很深,它从未能爬出井口,看看外面的世界,只能从井口看看天空,于是便认为世界就跟井口一样大。

有一天,它看到天上有一团美丽的云,但过了一会儿,云却不见了。它感到很纳闷：那美丽的云彩是从哪里来的，又到哪里去了呢？它每天都在苦思冥想，但始终找不到答案。

正好有一天，有一只小鸟在井口停了下来，青蛙于是向小鸟请教。小鸟亲切地回答它说："亲爱的青蛙，云彩是从天的东边来的，向天的西边去了。"

青蛙听了更糊涂了，它不禁又问道："小鸟，天就井口这么大，怎么能任这些云彩飘来飘去？"

"你真傻，天空大得很，无边无际，有千千万万个井口这么大呢！"小鸟告诉青蛙道。

后来，井口边又来了一只海龟，青蛙又问了它云彩的问题，海龟解释了半天，青蛙还是不相信。海龟就把它从井里背了出来，青蛙一看见井口外面的世界，马上就愣住了。

后来，它看到海浪，更是吓坏了，马上又跳回了井里。

琳达听完后深思许久，一个礼拜后她打电话告诉美琪："谢谢你，我不害怕了！我虽然不是最好的，但我相信自己可以做得比现在更好！我要向那些同学看齐，勇敢去冒险，让自己变得更棒、更好！"

这个井底之蛙的故事，不少人都听过，其实人们也是如此，容易习惯于相同的环境、相同的生活模式，每天按一样的路线上班、下班；吃相同的早点、晚餐……不知不觉局限住自己的潜力。冒险一下吧！换条路走走，你会看见更美丽、更不一样的风景。

受环境限制，无法走出封闭的自我，就会造成心理压抑。选择改变，跳脱原有环境，寻求新发展，站得高，看得远；裹足不前，最大限度地也只能在原有的环境中找平衡。你被自己套牢了吗？勇敢跨出来吧！只要一步，世界就大不同了！

以乐观心态迎接挑战

著名的物理学家斯蒂芬·威廉·霍金的身体状况众所周知。21岁的时候，他被确诊患有肌萎缩侧索硬化症。医生说他只能活两年半，并且随着病情的恶化，他将失去所有的活动能力。然而，霍金并没有因此而否定自己。

他十分欣慰地说："幸亏我选择了理论物理学，因为研究它用头脑就可以了。"由于霍金无法说话，只能借助声音合成器，这令他十分费力，所以他的演讲既简练又准确。

借由不断地努力，霍金提出了黑洞理论，将理论物理学提高到了一个新的层次。后来，霍金被任命为英国剑桥大学的卢卡斯数学教授（牛顿曾获得过的荣誉职位）。

霍金之所以伟大，除了他在学术上的贡献外，还因为他能积极乐观地生活。失去了所有的活动能力，换成别人早就失去了生存的勇气。然而霍金没有仇恨，没有苦恼，也没有怨天尤人。他不轻言放弃，用自己的执着与乐观迎战病魔，敢于向命运挑战，并且获得了非凡的成就。

有缺陷固然不幸，但并不等于绝境。倘若屈服在自己的缺陷之下，那才是最大的不幸！每个人都不可能是完美无缺的，人人都有缺陷，而过分地关注自己的缺陷则是最愚蠢的做法。一些心理学家指出：一个人先天的缺陷，往往能造成他后天在某一方面的成就。因此，这样的缺陷，被称为"高贵的缺陷"。世界是公平的，绝不会因为一个人身体有缺陷而剥夺他的成功与幸福。每个人都有相同的机会，就看你是否有信心、有毅力去把握它了。

充实过每一天，让人生不悔恨

一位得知自己不久于人世的老先生，在日记簿上写下了这段文字。

如果人生可以从头开始，我要尝试更多的错误，我不会再事事追求完美。我情愿多休息，随遇而安，处世糊涂一点，不对将要发生的事处心积虑计算着。

如果人生可以从头开始，我要多去旅行，我要跋山涉水亲自体验每道人生风景，不再管别人说什么。过去的日子，我太过清醒明白，太过清醒合理。每一分每一秒都太小心翼翼了，不容有失，却失去好多人生乐趣。

如果人生可以从头开始，我会什么也不准备就出门，不再让沉重的包袱压着自己。

如果人生可以从头开始，我要赤脚走在泥土地上，还要躺在草地上看星星，甚至整夜不眠。

如果人生可以从头开始，我要多对那些真正关心我的家人、朋友、同事付出更多我的爱，以前只知道汲汲营营于工作，拼命赚钱，都忽视了他们。

还有，我要去冲浪、去登山、去溯溪，去多看几次日出和夕阳，去公园陪孩子玩耍……

只要人生可以从头开始，我还有好多好多想做的事，但我知道，不可能了。

人生只有一次，别等走到尽头才后悔好多事没有做，现在就赶快去完成所有想做的事，关心身边的人，让每一天每一分每一秒都不浪费。

07

愿你的事业，
不仅仅是谋生，
还有热爱

May You be Beautiful
and Free

每个人对自己的人生都负有不可推卸的责任，
在经营社交关系的同时，
别忘记一起找到人生的使命，
使外在的价值更完整。
在生命中的每一天，
无论是生活或工作，
都在实现着属于自己的价值。

不断用心，
关系才能长长久久

做事即是做人，
追根究底是在与人打交道，
所以，为人处世掌握分寸，讲究技巧，
真诚与人交往相处，不求回报地付出关怀，
自如舞姿曼妙飞舞。

只要我们愿意，我们每个人都可以创造我们自己的艺术人生。既然来到世上，就有充分的理由享受生命的快乐。但这并不意味着一定需要许多物质的支持，因为无论是穷人还是富人，他们在对幸福的感受方面其实并无太大的差别。享受生命的关键要素便是：学会艺术地去生活。快乐是生活的赐予，谁都可以拥有。它不是商品，不是谁的专利。一个人快乐与否，要看他以什么样的心态去看待所发生的事。

多一份体谅，多一份社会关系

黑人杰西克·库思是当时美国一家名不见经传的小报的记者。因为种族歧视，在那家报社中他感到四面楚歌，受人排挤。与别人交往更成了他最头疼的事情。

当时，美国的石油大王阿曼德·哈默已名扬世界，报社总编希望几位记者能采访到他，以提高报纸的声誉与卖点。

杰西克·库思便在心底暗暗发誓，一定要赶快去采访他，抢到独家新闻，让其他人不敢轻视自己。

有一天深夜，杰西克·库思终于在一家大酒店门口拦住阿曼德·哈默，并诚恳地希望他能回答自己的几个简短问题。

对杰西克·库思的软磨硬泡，阿曼德·哈默没有动怒，只是和颜悦色地说："改天吧，我有要事在身。"

最后迫于无奈，阿曼德·哈默同意只回答他一个问题。杰西克·库思想了想，问了他一个最敏感的话题："为什么前一阵子阁下对东欧国家的石油输出量减少了，而你最大的对手，他们的石油输出量却略有增加。这似乎与阁下现在的石油大王身份不符。"

阿曼德·哈默依旧不愠不火，平静地回答道："关照别人就是关照自己。而那些想在竞争中出人头地的人如果知道，关照别人需要的只是一点点理解与大度，却能赢来意想不到的收获，那他一定会后悔不已。关照，是一种最有力量的方式，也是一条最好的路。"

阿曼德·哈默离去后，杰西克·库思怅然若失地呆立在街头。他以为阿曼德·哈默只是故弄玄虚，敷衍自己。当然那次采访也没有达到预期的效果，他一直耿耿于怀，对阿曼德·哈默那番不着边际的话更是迷惑不解。

直到10年后，他在有关阿曼德·哈默的报道中读到这样一段故事——在阿曼德·哈默成为石油大王之前，他曾一度是个不幸的逃难者。有一年冬天，年轻的阿曼德·哈默随一群同伴流亡到美国南加州一个名叫沃尔逊的小镇上，在那里，他认识了善良的镇长杰克逊。

杰克逊也成为影响阿曼德·哈默踏上成功道路极为重要的一号人物。

那天，冬雨霏霏，镇长门前花圃旁的小路成了一片泥泞。于是行人就从花圃里穿过，踩得花圃里一片狼藉。阿曼德·哈默替镇长感到难过，便不顾寒雨淋身，一个人站在雨中看护着花圃，要行人从泥泞中通过，不准践踏花圃。这时出去半天的镇长笑盈盈地挑着一担炉渣回来了，在一头雾水的阿曼德·哈默面前从容地把炉渣铺在泥泞上。

结果，再也没人从花圃里穿过了。最后镇长意味深长地对阿曼德·哈默说："你看，关照别人就是关照自己，有什么不好？"

每个人的心都是一个花圃，每个人的人生之旅就好比花圃前的小路。而生活的天空不仅有风和日丽，也有风霜雪雨。那些在雨路中前行的人们如果能有一条可以顺利通过的路，谁还愿意去践踏美丽的花圃，伤害善良的心灵呢？

经营社交关系也是如此，不可贪图对方有利用价值才与其交往，而该站在互相帮助、互相体谅的立场，如此结识到的社交关系才能正向发展。

把握每一次的机会

有个少女，想发财到几乎发疯的地步。每每听到哪里有财路她便不辞劳苦地去寻找。有一天，她听说附近深山中有位白发老人，若有缘与他见面，则有求必应，肯定不会空手而归。于是，那少女便连夜收拾行李，赶上山去。

在那儿苦等了5天，终于见到了传说中的老人，她向老者请求赐珠宝给她。

老人便告诉她说："每天早晨，太阳未升起时，你到村外的沙滩上寻找一粒'心愿石'。其他石头是冷的，但那颗'心愿石'却与众不同，握在手里，你会感觉到很温暖而且会发光。一旦你寻找到那颗'心愿石'，你所祈祷的东西都可以实现了。"

少女很感激老人，便赶快回村去。

每天清晨，那少女便在沙滩上捡石头，发觉不温暖也不发光的，她便丢下海去。日复一日，那少女在沙滩上寻找了大半年，始终也没找到温暖发光的"心愿石"。

但在这半年期间，她却发现这片海洋很美丽，会有许多游客前来看海或是露营，但这却没有一间商店可以购物，游客都得从远处买来，很不方便。

于是，她决定在这里开一家商店，经营游泳器具以及贩售一些生活用品。因为只有她一家店，加上商品齐全，物美价廉，游客络绎不绝，虽然尚未达到她想要发财的梦想，但每月不错的收入已经让她很开心了。

加上在那结识了许多当地人，大家都会经常来她店里消费，或是和她交换一些当地的情报。店里除了有顾客上门，也有许多当地人聚在一起聊天，游客若有问题，马上可以从店里获得帮助和解答，店里生意也就越来越好了。

至于老人呢？说也奇怪，少女再也没见过他。

电视上太多速成的名人，两三年后，大多已销声匿迹。网络时代那些十几二十岁的企业总裁，而今又安在？

我们的内心都或多或少存在着些许侥幸，希望有一天能得到"心愿石"或"神灯"般的一蹴而就，但冷静想想，这种概率真正有多高呢？还是稳扎稳打，用"心"准备，该是你的福气，跑都跑不掉。

同理，在经营社会关系时不求快、不贪心，真诚以对，热心助人，老天该反馈给你时，贵人就会出现了。

因为喜欢做而快乐

品蓁是小镇上的一家小面包店的老板兼师傅，自小她就对面包有着无比浓厚的兴趣，闻到面包的香气就非常陶醉，经常在面包店前逗留着不肯走。父母拗不过她，只好带她进面包店里，让她挑一个喜欢吃的面包带回家。长大后，她如愿以偿地当了面包师傅，她坚持不加人工香料，用天然食材制作，虽然因此要花费更多时间与精力，所做出的面包数量也不多，但她不以为意，因为对她来说，让和她一样喜欢吃面包的人，吃到健康的面包，才是她身为面包师傅的使命。

也因为她的坚持，店里生意非常好，虽然每日数量有限，大家也都愿意提早订购，只为了吃到健康好吃的面包。

没过多久，有记者找上门，说看到有博主非常推荐她的面包，希望可以采访她。品蓁起初很抗拒，认为自己只是把喜欢的工作做好，没什么好分享的，但在镇上居民和记者的游说之下，应该让更多人知道她对面包的执着，借以鼓励更多年轻人找到自己的梦想，她才决定接受采访。

采访一播出，接到许多外县市的订单，甚至有一家餐厅主厨，吃完品蓁做的面包之后，决定长期订购她的面包供饭店客人食用。

这一切的好运都不是品蓁所预料到的，她只是一步一个脚印地实践着自己的梦想，没想到得到那么多贵人相助。或许就是因为她的不贪心和用心，让周遭的人都愿主动来帮助她。你呢？也正用心在你喜欢的事物上吗？

每个人都可以把自己的生活过得很艺术、很有品位，从一些微小的细节亦能体会到甜美的滋味。这跟财产多寡、名气大小、地位高低基本没什么关系。将自己热爱的事情做得很"美丽"，获得一份认同，以良好心态和乐观向上的精神做一名贩卖快乐的人，让他人因为你的艺术人生而快乐，你就更快乐。

应对职场社交关系，男女大不同

与女主管相处也是一种艺术，从衣着而言，
千万不要穿得像她的"孪生姐妹"。
与男主管相处的艺术，
则是不管他喜欢不喜欢小鸟依人型的女子，
都别在他面前"撒娇"。

职场中，面对男女主管，要注意你的应对方式，不要以为同为女性，对女主管就可以像姐妹，别忘了同性相斥的道理。同样，别以为每个男性都吃撒娇这一套，很多男主管其实很讨厌女同事撒娇或是哭泣，因此你必须拿捏好与男女主管的相处尺寸，方能在工作中游刃有余。

与女主管相处的艺术

如果你的主管是女性，你要注意如果你比她年轻漂亮，又穿着过于雍容华贵，那就已经对她造成一种微妙的侵犯了。在你不了解她这个人的情况之前，以下几点要特别注意：

不要过问她的私人生活。不要冒冒失失地问关于她的丈夫和孩子的情况，比如"你丈夫是做什么的？""你的孩子几岁了？"之类的问题。因为现代很多职场女性虽已超过了适婚年龄但至今仍是单身。况且，你的主管跟你并不熟，你是来上班的，不是来聊天的。

不要主动献上自己的养颜秘方，除非她向你咨询。交换美容心得是女性之间增进亲密感的秘诀之一，不过这一手法不适用于女主管和女员工之间。多数女主管为自己的晋升付出太多精力，以致在脸上留下痕迹，你跟她谈美容，可能她会敏感地认为你在说她外表有待改善。

不管女主管是否严肃，记住看到她时要面带微笑。与男主管相比，女主管更关注你与他人融洽相处的能力，而不是你单枪匹马的业绩。

别跟她交换持家心得。千万别在上班时间和女主管交流柴米油盐家庭琐事，人的精力有限，跟她谈持家心得，会引起她的警觉：你是不是对操持家务更有兴趣，而工作只是你应付的差事呢？

与男主管相处的艺术

至于男性主管，相处之道和女性主管就完全不一样，有些男主管善良温和，管理员工也不严厉，但不代表他们没脾气，所以切记别以下犯上。另外，有些主管一丝不苟，就表明绝对要达成他的要求，否则一次或许他可以容忍，第二次可能就会叫你卷铺盖走人。以下几点则是和男性主管相处时要注意的：

不要随便在男主管面前撒娇。在旁观者眼里，会认为你这么做是别有企图的，随之而起的流言，可能会使男主管有意利用你的这种"企图"。空闲时，彼此聊聊儿女的近况总不会错。现代成功人士总是乐于展现他们贤夫良父的形象，无论他是38岁还是58岁，儿女总在他的生命中占着十分重要的位置。

别穿得比主管还像主管。跟随男主管外出谈判或参加有关会议，衣着要恰如其分，不要让别人误以为你是大人物。我有位朋友是某知名日本企业的员工，多年前她得到一个机会陪着主管去国外开会，她穿上色调深沉并有金纽扣的名牌服饰，让谈判对手误以为她也是决策层中的人物之一，一定要听她的意见，男主管当下脸色就十分难看。男主管往往对"职业身份"十分看重，人微言轻之际，要让自己识趣一点。

上班穿着要得体、端庄。上班服装可以不用是名牌，不用华丽，但一定要整洁、得体、大方。除非工作场合允许，否则千万不要穿低胸衣、迷你裙、热裤、吊带衫等不得体的服饰，除了会影响周遭同事工作时的专心程度外，更会使男主管怀疑你的工作能力。

不要化浓妆或经常补妆。在工作环境中，妆发合宜即可。别把自己当成大明星，化个浓妆来上班，又不时在补妆，或是进公司上班以后却花了很多时间在厕所戴隐形眼镜、化妆占用上班时间等行为，也都会影响男主管对你的看法。务必记住，不管你处于什么岗位，不管你和主管私底下有多熟，上班时都要保持距离，毕竟是在公司，要谈私交请在下班后。

保持续航力
让你纵横职场

女孩们，如果你涉世未深，
可以通过身边的朋友，倾听别人的建议，
但在行动时不必故步自封，
实事求是才是根本。
不必去讨好每一个人，但你必须有主见，
把握你的人生在自己手上而不是在别人嘴上。

职业女性有时家庭事业两头忙，确实需要花费不少心力，一个优秀的职业女性，懂得如何让自己在职场上保持续航力，这也是维持社交的重要条件。

纵横职场，女性应该具备7种能力

《日本经济新闻》曾经做过的一项评估指出，职场上的女性应该具备7种能力，以作为职业女性继续纵横职场的必要基石，它们依次是：

健康的身体

再有能力，再聪慧的头脑，都不能保证你的职业地位长久稳固。无论你是多么优秀的专业人士，不稳定的身体状况会令老板和同事对你心生不信任感。这种状况使人不愿对你委以重任。因此，有个健康的身体是职场女性首要条件。

明确的工作目的

我为什么要工作？把自己工作的目的弄清楚，会有助于我们在遇到不如意的工作安排、难缠的同事或其他工作低潮时，迅速抓住问题的主要症结，并确定自己应采取的立场，是应该积极行动，还是冷静地等待时机，抑或干脆一走了之。有了明确的目标，才能在情绪低潮中恢复理智，重新获得工作的动力。

建立自己的风格

不论在公司内外都要注意与人多接触，增长见识、开阔视野，而且不同工作、学习背景的朋友，会带给你新知识及新想法的刺激，使你的头脑跟得上时代。建立良好的社交关系，不要忘了推销自我，把自己当作一项商品，永远呈现最完美的那一面，努力给人留下深刻印象。

我们在推销商品的时候，有所谓的 4P 理论，即商品、价格、渠道与宣传。推销自己也是如此，首先，把自己这项商品的定位搞清楚（Product），我的特色是什么？然后让自己的特色彰显出来，产生价值感（Price），这个价值感不一定是实体的价格，而是你的"身价"有多少。其次，你要为自己找渠道（Place），也就是说根据自身的特色、长处，你该把自己放到什么适合的地方发挥。最后，就是宣传自己（Promotion），让别人看得见自己。如此一来，想要成为社交关系高手，一点也不难。

具备使用计算机工作的能力

这不仅仅是指打字一类的简单工作，而是指你要努力掌握办公室里最新的表格、计算软件，做同一件工作你要比男同事做得更快、更好。这样才能使人承认你具有和男同事一样的计算机能力，打破一般人心目中，女性大多具有科技恐惧症的刻板印象。在实际工作中，只有靠自己不断加强数字观念及科技新知，才能让自己更具专业说服力。

外语能力

商务全球化是大趋势。就算你不打算角逐派驻境外的机会，你也不会想被从会议桌前请走吧！许多行业，让我们有机会与其他国家的人进行工作或生意上的合作。因此，具备外语能力已经变成今日工作上的基本要求，你千万不能没有。

纾解精神压力的能力

工作中总是充满了压力和挑战，学会纾解工作中积累的精神压力，才能保持长期的良好精神状态。无论是同事还是老板，都不会想看到女性工作伙伴神经兮兮或过分敏感、易于激动的样子。这种状态在告诉别人："这该死的工作，快让我发疯了。"

即使你最终完成了工作，别人也会想："她不太适合被委以重任，她太情绪化了，工作会让她精神崩溃的。"

善用金钱的能力

用金钱买时间、买效率、买机会，是职业女性应具备的金钱观念。其实，花钱请人做家务，就可买回更多的时间和自由，投入工作。另外，有时为了工作，也要舍得自己掏腰包，不必太过计较。

不要因为有了家庭而松懈

有些女性会因为结婚成家之后，就对工作缺乏企图心，抱着过一天算一天、得过且过的心态在工作，这是非常不好的。只要在位一天就必须全力以赴，但不是要你只工作不顾家庭，而要两者寻求平衡，家庭顾好了，你才有心力全力冲刺工作，所以保持对家人的关心，对工作的"用心"和"积极"非常重要。

如果真的觉得自己处于"蜡烛两头烧"的状态，分身乏术时，可以与先生沟通，比如由他来带小孩，煮晚餐，哄孩子睡，夫妻多沟通，互相体谅，才不会因为工作产生误会。

千万不要把压力都自己扛起，累积久了不但可能引发身体疾病，也可能会把工作压力带回家，伤了家人之间的感情，那就得不偿失了。

另外，你也可以将你的难处整理好后与主管讨论，寻求主管的意见。你要先仔细思考自己的问题，以及你希望怎么改善，有哪些地方需要寻求主管协助，一一具体说明，这样主管才比较有方向可以帮助你。千万不要向他们诉苦，如果只是跑去诉苦或抱怨，是没有办法解决问题的。只要你是用心工作，主管会体谅你的难处并协助你找到解决方法的。

适度休息，路走得更长远

为工作义无反顾地往前冲时，也要记得回头看看陪伴在你身边的家人，并懂得爱惜自己的身体。以下几点建议供你参考，让自己在忙碌之余不忘享受生活。

定期安排家庭旅游。工作再忙再累，也不要忘记和家人一起出去旅游，是要真正放松心情的旅游，不要一直讲电话或玩手机，出游这段时间就是要全心全意投入，享受和家人在一起的时光。

偶尔和先生来场约会。有时工作的压力、带孩子的压力会让生活顿失很多情趣，偶尔可以利用下班空当，请人帮忙带小孩，自己和先生来场小小的约会、一顿美味的晚餐、一场浪漫的电影、一起散步回家等，营造一些小小的生活情趣，对婚姻生活有不错的调剂。

上班日至少要有三天回家吃晚餐。如果真的必须加班，无法赶回家吃饭，也尽量一周回去三天和家人共进晚餐。因为工作关系，许多家庭已经无法好好一起吃早餐，至少应该利用下班后大家心情比较放松时，一起吃饭，聊聊今天发生的事情，让彼此情感不疏离。

每天晚上和孩子、先生说说话再睡。不要下班回家倒头就睡，如果先生、孩子还没睡，与他们说说话，聊聊天再睡。如果他们都睡了，至少去房间看看孩子，检查被子也好，不要让他们觉得经常看不到妈妈和老婆。

养成阅读习惯。阅读是一种很个人的兴趣，只要有一方角落，一盏灯，无须太费事就可进行。挑一本自己喜欢的书，不限种类，通过阅读与自己的内心对话，沉淀心情，也是一种不错的放松方式。

每年定期做健康检查。这是非常重要的一点，女性往往比男性更劳心劳力，加上兼顾家庭与工作，身体压力更大，可以挑选自己生日或某个对自己有意义的日子作为健康检查日，当作送自己的礼物，这样每年也就不容易忘记再做健康检查。

经常打电话问候父母。除了照顾好自己的家庭，也别忘了照料父母，有空就打电话问候他们的近况，他们绝对不会嫌你烦，只会担心你过得好不好。通过与父母聊天说话，也能疗愈抚慰自己心中的那个"小女孩"，以及需要被人呵护的那一块秘密基地。

将所有社交关系
都视为珍宝

生命中的珍宝，

不是财货的堆积，也不是名利的追求，

而是珍惜我们所遇到的每一段缘分、

每一个人，处处为他人着想。

不要小看自己的力量，尤其是女人，我们都有着足以改变世界的力量。但这份力量需要周遭的人来协助，因此，请用心珍惜人生道路所遇到的每个人，你不知道谁会是贵人，但至少你必须先做到爱惜对你好的人。

珍惜身边所有的人和物

有一位很想成为富翁的青年,到处旅行流浪,辛苦地寻找着成为富翁的方法。几年过去了,他不但没有变成富翁,反而成为衣衫褴褛的流浪汉。

观世音菩萨被他的虔诚感动了,就教他说:"要成为富翁很简单,你从这寺庙出去以后,要珍惜你遇到的每一件东西、每一个人。并且为你遇见的人着想,布施给他。这样,你很快就会成为富翁了。"

青年听了,心想方法真简单,高兴得不得了,就告别观世音菩萨,手舞足蹈地走出庙门,一不小心,竟踢到石头绊倒在地上。当他爬起来的时候,发现手里粘到了一根稻草,正想随手把稻草丢掉,猛然想起了观世音菩萨的话,便小心翼翼地拿着稻草向前走。

路上迎面飞来一只蜜蜂,他想起观世音菩萨的话,就把蜜蜂绑在稻草上,继续往前走。

突然,他听见了小孩子号啕大哭的声音,走上前去,看见一位衣着华丽的妇人抱着正大哭大闹的小孩子,怎么哄也不能使他停止哭泣。当小孩看见青年手上绑着蜜蜂的稻草,立即好奇地停止了哭泣。那人想起观世音菩萨的话,就把稻草送给孩子,孩子高兴得笑起来。妇人非常感激,送给他 3 个橘子。

他拿着橘子继续上路，走了不久，看见一个布商蹲在地上喘气。他想起观世音菩萨的话，走上前去问道："你为什么蹲在这里，有什么我可以帮忙的吗？"

布商说："我好渴！口渴到连一步路都走不动了。"

"那么，这些橘子送给你解渴吧！"他把3个橘子全部送给布商。布商吃了橘子，精神立刻振奋起来。为了答谢他，布商送给他一匹上好的绸缎。

青年拿着绸缎往前走，看到一匹马病倒在地上，骑马的人正在那里一筹莫展。他就征求马主人的同意，用那匹上好绸缎换那匹病马，马主人非常高兴地答应了。

他跑到小河边去提了一桶水给那匹马喝，细心地照顾它，没想到才一会儿，马就好起来了。原来马是因为口渴才倒在路上。

青年骑着马继续前进，在经过一家大宅院前面时，突然跑出来一个老人拦住他，向他请求："你这匹马可不可以借给我呢？"

他想起观世音菩萨的话，就从马上跳下来，说："好，就借给你吧！"

那老人说："我是这大屋子的主人，现在我有紧急的事要出远门。这样好了，等我回来还马时再重重地答谢你；如果我没有回来，这宅院和土地就送给你好了。你暂时住在这里，等我回来吧！"说完，就匆匆忙忙骑马走了。

青年在那座大庄院住了下来，等老人回来。没想到老人一去不回，他就成为庄院的主人，过着富裕的生活。这时他领悟到："啊，这么多年我找了许多成为富翁的方法，原来这样简单。"

长路漫漫，旅途上的人们所做的无非是收集生命中的珍宝，并郑重地将他们储存在自己的记忆宝库里。差别只有一个，各人对珍宝的解释各有不同。==把握生命中的每一次感动，这些正是我们所要收藏的珍宝==，不光收藏，而且在需要的时候还要把它们拿出与人共享，从而收获更宝贵的珍宝。这将是累积社交关系最快的方法。

时时更新社交名单，去芜存菁

淑芬和几个好朋友组成了一个读书会，大家每个月聚会一次，聚会不只分享最近的读书心得，还可以分享看了哪部电影、哪个展览觉得还不错等。成立这个读书会的主要目的就是希望大家养成阅读的习惯，并保持接触文艺的状态，充实自己的心灵。

一开始这个读书会只有淑芬和其他 5 个好朋友，后来大家互相介绍朋友进来，现在已经将近 20 个人了！大家都很期待这一个月一次的聚会，好书可以互相借阅，也可以通过分享获得很多新信息，还有些朋友会分享公司团购的优惠电影票，比市价便宜许多，让大家培养艺术涵养之余也可以节省荷包支出。

前一阵子,淑芬带了一个同事过来,她是淑芬工作上的伙伴,无意间听到淑芬聊起这个读书会觉得很感兴趣,希望可以参加。淑芬很开心地带她一起去,其他团员也很开心这个新伙伴的加入。

但奇怪的是,后来出席聚会的人越来越少,淑芬感到很纳闷。她主动打电话给其他团员,才有人告诉她,原来她带来的那个朋友,私底下向其他团员推销产品,给大家带来了困扰,此外她也经常先拿了电影票说下次再给钱,一开始大家想说只是几百块就不跟她计较,但她一而再、再而三地出现相同的情况,让大家非常反感。碍于她是淑芬的朋友,大家也不好意思多说什么,只好选择少来读书会。

淑芬知道后非常生气,其实以前这个同事就有在公司偷偷推销产品被记处分,但主管念在她资历颇久,工作表现也还不错,决定再给她一次机会。没想到她竟然把歪脑筋动到读书会团员的身上。

淑芬与同事对质后她也承认确有此事,淑芬便拒绝她再来读书会,在工作上也尽量避开她。事后淑芬也一一向其他读书会团员道歉。现在,大家又恢复每月一聚,快乐分享好书、好电影,一起当个享受生活的快乐女人。

我们都知道要有储蓄的好习惯,也知道要不时检查一下存款账户,或是分散风险做投资或定存等方式来增加自己的存款金额。社交关系也是如此，在我们不断累积与扩充自己的社交关系存折时，也要懂得时时检视一下这个存折，除了与朋友分享美好的事物，也要多关心朋友，通过互相关心将视角扩大了解到更多其他朋友的近况。当然也包含了不好的朋友就要和他们保持距离，近朱者赤，近墨者黑，交到一个坏朋友的同时，也就失去了一群好朋友。朋友不在多而在于真正知己，患难见真情。朋友要结交好的，彼此互相激励，互相成长才有意义。

爱让世界变得更美好

美国人伊勒·C.哈斯是一名医生，他热衷于发明创造，且十分地投入。

他无意中听到太太在抱怨自己身为女人，有种种的不方便，尤其是每月的那几天……深爱妻子的哈斯医生觉得自己该为妻子做些什么，他放下手头的发明实验，坐到她身边。于是，哈斯夫妇进行了一次亲密无间的谈话。

哈斯医生终于明白了妻子的苦恼，他从生理医学的角度分析了妻子在特殊日子的特别感受，意识到她的不快乐，并非完全缘于生理现象，很大的一个因素，缘于妇女用品的不纤巧、不灵活、不能随心所欲。他脑海中闪现出经历无数次的外科手术：医生和护士经常用消毒棉和纱布来吸收创口出血。"我能不能给太太也试用一下呢?"哈斯医生一连几天躲在实验室里,他用压缩的医用药棉制造出长短适中的棉条,再用一根棉线贯穿地缝在棉条当中,并用纸管当导管……世界上第一条女性内用卫生棉条,就这样诞生在一个关爱妻子的医生手上。

这项服务于全人类女性的发明,于1933年获得了专利,取名丹碧丝(TAMPAX)。它首销于美国,如今已被世界上一百多个国家的妇女所接受。于哈斯医生而言,这项专利无论带给他怎样的财富,最重要的还是哈斯太太会一生铭记丈夫的贴心爱意。

人的一生,常常行色匆匆,努力追赶着一个又一个奋斗目标。有多少人能暂时放开手中的工作,在妻小身旁停下脚步呢。社交关系获得不易,但家庭经营更不易,维系家庭需要满满的爱,家圆满了,你的生活也就更充实了。珍惜当下,用爱关心身旁的每一个爱你的人,当爱不断被分享出去,世界也会变得更美好。

图书在版编目（CIP）数据

愿你美丽不羁，自我又自由 / 魔女sha sha著. —北京：北京日报出版社，2021.11
ISBN 978-7-5477-4034-7

Ⅰ.①愿… Ⅱ.①魔… Ⅲ.①女性－人际关系－通俗读物 Ⅳ.①C912.15-49

中国版本图书馆CIP数据核字(2021)第154463号

著作权合同登记 图字：01-2021-4081号

本书由我识出版社有限公司(Taiwan)授权北京紫图图书有限公司在中国大陆地区以简体字出版发行
女人好人脉，人见人爱：让你享受一生的幸福与宠爱，魔女sha sha 著，2016年，初版，ISBN：978-986-6166-55-6

愿你美丽不羁，自我又自由

责任编辑：	史　琴
助理编辑：	秦　姚
作　　者：	魔女 sha sha
监　　制：	黄 利　万 夏
特约编辑：	曹莉丽　鞠媛媛　张春馨
营销支持：	曹莉丽
版权支持：	王秀荣
装帧设计：	紫图装帧
出版发行：	北京日报出版社
地　　址：	北京市东城区东单三条8-16号东方广场东配楼四层
邮　　编：	100005
电　　话：	发行部：(010) 65255876
	总编室：(010) 65252135
印　　刷：	艺堂印刷（天津）有限公司
经　　销：	各地新华书店
版　　次：	2021年11月第1版
	2021年11月第1次印刷
开　　本：	787毫米×1092毫米　1/32
印　　张：	8.25
字　　数：	145千字
定　　价：	49.90元

版权所有，侵权必究，未经许可，不得转载